青岛国信·海天中心系列图书

海天纪事

从城市记忆到青岛之巅

HAITIAN DOCUMENTARY

FROM THE MEMORY OF QINGDAO TO THE PEAK OF THE CITY

编著

青岛国信发展（集团）有限责任公司

青岛国信海天中心建设有限公司

《时代建筑》杂志社

同济大学出版社
TONGJI UNIVERSITY PRESS

图书在版编目（CIP）数据

海天纪事：从城市记忆到青岛之巅 / 青岛国信发展（集团）有限责任公司，青岛国信海天中心建设有限公司，《时代建筑》杂志社编著. -- 上海：同济大学出版社，2021.6

ISBN 978-7-5608-9734-9

Ⅰ. ①海… Ⅱ. ①青… ②青… ③时… Ⅲ. ①建筑企业集团 – 概况 – 青岛 Ⅳ. ①F426.9

中国版本图书馆CIP数据核字(2021)第084201号

青岛国信·海天中心系列图书

海天纪事：从城市记忆到青岛之巅
HAITIAN DOCUMENTARY: FROM THE MEMORY OF QINGDAO TO THE PEAK OF THE CITY

编　　著	青岛国信发展（集团）有限责任公司
	青岛国信海天中心建设有限公司
	《时代建筑》杂志社
责任编辑	吕炜　宋立
责任校对	徐春莲
装帧设计	完颖　杨勇

出版发行	同济大学出版社　www.tongjipress.com	
	（地址：上海四平路1239号　邮编：200092　电话：021-65985622）	
经　　销	全国各地新华书店	
印　　刷	上海安枫印务有限公司	
开　　本	889mm×1194mm　1/16	
印　　张	13.75	
字　　数	440 000	
版　　次	2021年6月第1版　2021年6月第1次印刷	
书　　号	ISBN 978-7-5608-9734-9	
定　　价	369.00元	

本书若有印装质量问题，请向本社发行部调换　版权所有　侵权必究

"青岛国信·海天中心系列图书"组织机构及编委会组成

"青岛国信·海天中心系列图书"编委会

丛书编委会主任

王建辉

丛书编委会委员组成

邓友成　曲立清

（以下按姓氏笔画）

Helen Poon、Kai Sheng、Kelly Hoppen、Leon Jakimic、Matthew Owain Carlisle、Rainer Burkle、Robin Perkins、丁　叶、丁　阔、于　洋、于海平、支文军、王　宇、王希浩、王　欣、王思良、王振西、王　晔、尹　健、甘廷霞、叶庆霖、叶　鸣、田　强、田　鑫、代　杰、毕　强、吕　炜、吕美华、刘海泉、刘　静、闫　斌、祁文利、孙立海、杜向东、李永明、李奉强、李绅豪、李　栋、李　健、李　翔、李　鹏、杨　昆、杨　柳、杨　健、杨海波、杨瑞建、吴书义、邱德光、张百涛、张伟志、张志华、张劲松、张炜伦、张建阳、张　振、张　晓、张　强、张　楠、张新宏、陈　鹏、陈永姮、陈晓欧、林丰年、林忠祥、周向阳、周　增、郑　青、郑俊成、郑　潇、单增亮、赵　伟、赵　雨、赵国利、胡伟坚、姚晓光、顾建平、徐长青、徐春燕、徐　洁、栾勇鹏、郭艳清、唐　勇、唐　斌、黄志达、黄锦文、常晓宁、符国勇、康　松、梁　扬、梁智明、蒋东斌、焦明江、赖嘉骐、慈国庆、裴丽颖、樊怀玉、魏晓全、藤本俊幸

丛书编委会顾问

崔锡柱

张德志　张哲军　杨　敏

《海天纪事》编著机构

青岛国信发展（集团）有限责任公司　　青岛国信海天中心建设有限公司　　《时代建筑》杂志社

《海天纪事》编辑团队

总策划　邓友成　吕　炜

主　编　曲立清　支文军

副主编　王　宇　徐　洁

顾　问　张哲军　尹　健

研究与编写　凌　琳　黄婧琳　焦明江　王梦佳　宋　立

编撰与审核（以下按姓氏笔画）

丁晓莉、于昌兴、于　深、王希浩、王国强、王秋婷、王洪涛、王鲁敏、王德杰、尹　坤、邓小骅、左道政、石长城、付建人、刘佳楠、刘建伟、刘绍玉、刘晓东、刘海泉、刘　静、闫　斌、祁文利、李永闯、李奉强、李　栋、李晓娟、吴希成、吴学洋、吴耀伟、宋红霞、张伟志、张宝年、张　振、张　涌、陆跃东、陈梦苇、罗之颖、周建荣、周逸珅、周　增、郑俊成、赵　雨、赵国利、赵　建、胡　苹、姚晓光、袁守刚、徐春燕、殷南南、高祥东、高　静、郭　尚、康　松、蒋东斌、程　曦、窦静静、魏晓全

项目统筹　焦明江

装帧设计及制作　完　颖　杨　勇

摄影　章鱼见筑

协助　张懿文　朱辰辰

海到无边天作岸

——"青岛国信·海天中心系列图书"总序

在青岛这座中国唯一入选"世界最美海湾"的城市，有两处美丽而迷人的海湾——团岛湾和浮山湾。进入21世纪，有两个影响青岛城市建设和发展的重大工程，就落在这两处海湾。这两大工程是由青岛国信集团投资、建设和运营的胶州湾隧道和海天中心。我有幸全程参与了这两大工程。适逢海天中心项目落成，推出"青岛国信·海天中心"系列图书，我很愿意以一个亲历者的身份，写下关于海天中心从项目定位、规划设计、施工组织到运维筹开等过程中的心路历程。

1

海天中心的前身是青岛海天大酒店。

1988年，"海天大酒店"建成开业，成为浮山湾畔最耀眼的明珠。作为我国早期涉外酒店、山东省首家中外合资五星级酒店，她宛如传承"老青岛"城市文化和"新青岛"对外开放的桥梁纽带，见证了青岛行政区划的扩容跃迁、城市面貌的日新月异，在中外宾朋和市民的脑海中留下了"海天之间一个家"的美好记忆。

在历经近二十年辉煌之后，随着时代发展，海天大酒店显露出了功能单一、设施老化、接待能力不足等疲态，已无法匹配城市价值。2008年奥运会帆船比赛的成功举办，加速了青岛向国际化大都市迈进的步伐。面对新的时代要求，海天大酒店有心无力。

2009年，青岛市委、市政府做出决策：通过原址拆除重建的方式，赋予海天大酒店"城市会客厅"的功能定位，全面提升青岛大型高端国际会议承接能力，提升城市核心竞争力与发展能级。

青岛国信受命承担重建任务,同时也承受了很大的社会舆论压力:拆除一座老牌的五星级酒店,有必要吗?新建一座大型综合体,能成吗?重建投资预计137亿元,而当时青岛国信的总资产才刚刚300亿元,能行吗?

海天中心不是简单地重建,而是脱胎换骨的再造:要融超5A甲级写字楼、高端奢华酒店、云上艺术中心、城市观光厅、云端钻石CLUB、海天MALL、海天公馆七大业态于一炉,建成业态复合、功能完备、独具特色、引领未来的地标式超高层城市综合体,打造"国际标准、国内一流、沿海领先"、极具"绿色、科技、人文、智能"特色的地标建筑与精品工程。海天中心将为市民带来高端的品质生活空间与全新的生活方式体验,为游客提供舒适的度假休憩场所与前沿独特的文化艺术交互区,为来自全球的入驻企业和商务人士营造聚合赋能的经济生态与创新兴业的发展环境,为青岛增添一座承载城市内涵、焕发城市活力、引领城市发展的新生力量……这将是幸福宜居城市梦想的苏醒、品牌之都的华丽蝶变、国家历史文化名城辉煌的重生。

2

宏愿如何付诸实践?这是沉甸甸的责任,背水一战的严峻考验。我们能做的,唯有知难而上,勇往直前,用激情燃烧执着,用奋斗交出答卷让历史去评判,让建筑变成文本交由读者去感触和体验。这个目标也构成了"青岛国信·海天中心"系列图书——《海天纪事》《海天智造》《海天印迹》《海天密码》的创作初衷、总体架构和基本内容。

海天中心工程肇始于 2009 年，开工于 2014 年，完成于 2021 年。这 12 年里，迎来送往，薪火相传，仅海天中心建设公司就先后有四位同志出任过董事长。作为第一任董事长和全程的亲历者，我深刻体会到正是因为每一位建设者和参与者都继往开来，全身心投入；正是因为 200 余家参建单位与我们一起目标一致，勠力同心，才铸就了新海天的辉煌。

建设过程中，大家都满怀敬畏，如履薄冰，以"小学生"的心态向国内外标杆项目学习并力求超越。国际对标日本六本木新城，国内对标上海中心，从规划设计、项目管理到工程建设、设备选型，在科学性、严谨性和宏观性上的论证，做到了"再充分也不过分"。到处拜师、学习、考察、推演，马不停蹄，从工程建设本身，到探索实施"小业主、大社会"的建设管理模式，恨不能把全世界的智慧和精华都化为己有。

正因为与世界顶级专家、机构合作，整合了各方优势资源，才最终让荟萃顶级大师智慧、凝聚优秀团队力量的"海之韵"惊艳面世。浮山湾西侧的八大关，素有"万国建筑博览会"的美名。"C 位"的海天中心则以 369 米的山东第一高，填补了青岛超高层综合体建筑的空白，以其独有的美轮美奂刷新了城市天际线。

3

艰难更显勇毅，笃行弥足珍贵。十二年磨一剑，建筑无言，品格自现。

这是一部经典建筑的大传。它用翔实的数据和文字记录了这个划时代作品的前世今生。

这是一本建设者的日记。它以工匠精神留下了一个个真实感人的故事。

这是一份时代的答卷。它为青岛这座城市乃至中国建筑行业增添了传世典范作品，是留给伟大时代、青岛人民、子孙后辈的宝贵财富与城市传奇。"由简单到复杂，由单一到复合，由低端到高端"，海天中心的蜕变与青岛国信"三个提升"的企业理念紧密契合。

这是一种卓越的追求。不仅是建设者的更是城市的追求，不仅是物质的更是精神的追求。恰如迄今为止中国北方最高的艺术中心——海天中心云上艺术中心赋予了这个伟大建筑以灵魂。

做出这样的决策非常不易，因为要以艺术来凸显城市品位、为青岛之巅画上点睛之笔，就意味着商业上的让步和企业收益的牺牲。

砥砺前行，有涔涔汗水、闪闪泪光。回顾这个梦想成真的过程，可谓可圈可点、精彩纷呈。

4

重塑并超越经典的压力，对每个人来说都很沉重。于我个人而言，个中的压力也具体而真实，有如手工雕琢发丝，用体温焐化坚冰。2014年的那次争论，我一直记忆犹新。当时海天中心的设计方案已定，项目基坑施工已经展开。我们以明天的视角提出要向地下拓展至6层。这意味着海天中心既是山东省第一高，又要成为山东省第一深。此时设计调整将牵涉到设计验算、审批变更、工期延长、投入增加……经过激烈的观点碰撞、辩论，最后达成了共识，项目如期如愿启动。

为实现功能最大化，做好后续超大综合体的运维，青岛国信早在三年前就开始了布局：研究人力结构，调整组织架构，组建商管公司，推动大物业整合……自持比例高达90%，为确保品质牺牲巨大的商业利益，青岛国信算的是城市大账，想的是国企担当。

今天看来，这些决策带来的综合价值不可估量，但在当初，做出这一项项决策又是何等艰难。如何以胆识去承担重压，又以智慧去避免整体性的崩塌？如何以品质赢得卓越，又避免付出更大的代价？站在明天看今天，如何以前瞻的思维来担保今后对今天的评价？还有不少具体难题需要继续研究和思考。例如关于城市梦想和文化情结的互相支撑和共生共荣、关于商业文明与传统文化的碰撞与交融，比如对于综合体文化赋能的探索、对于建设和运营两者结合的无处不在和界线的难以划分……

这里要再次感谢决策这项超级工程的市委、市政府领导。拆除城市中心经典建筑改建超大型城市综合体，彰显市委、市政府高屋建瓴的决心与魄力，也彰显青岛国信匹配城市发展战略的使命担当。至于我本人的倾情投入，则不仅源于上级的信任和国企人无可推却的使命感与责任感，更来自一个土生土长的青岛人对这座城市无条件的热爱与感恩。

5

一代人要有一代人的作为与担当，一代人要有一代人的付出与奉献。关于海天中心，我们没有一刻停止过思考。这种思考，萌芽于论证初期的情怀，躁动于规划时期的期盼，延续于建设时期的跋涉，深化于后期筹备运营的焦灼，又回味于成功后的喜悦。我们期望能在新的百年里为青岛奉献出城市标志、时代符号、精神气质，期望海天中心能引领青岛加快建成现代化国际大都市。

与笔端相比，我们更看重建筑本身；与形象相比，我们更看重功能；与成功相比，我们更关注使命。面向未来高质量发展的新时代，围绕城市功能完善、品质提升与可持续发展，青岛国信将一如既往地发挥城市专业投资运营优势，为城市环境质量、人民生活质量和城市竞争力的提升，彰显更大的示范引领价值。

这篇总序，写于6月1日深夜。不知不觉中东方既白。隔窗远眺，万千雪浪奔涌，却如和风细雨，润物无声。

"海到无边天作岸，山登绝顶我为峰"。华丽的海天中心，以高出市区内最高山峰一米的新高度直插云天。海天之间，矗立在朝霞里的海天中心像一夜长大的少年。在追逐梦想的道路上，我们将一如既往、行稳致远。

恰逢6月2日青岛解放纪念日。谨以此书，致敬每一位脚踏实地、执着追梦的战友伙伴和大国工匠。谨以此书，致敬这个开放现代活力时尚的天赐湾城。谨以此书，礼赞成就这个超级工程的伟大时代，庆祝中国共产党百年华诞！

青岛国信发展（集团）有限责任公司
党委书记、董事长　王建辉

写于2021年6月2日凌晨

前 言

　　山海之都，兼容并包；世纪雄心，潮头勇立。青岛是国家首批十四个沿海开放城市之一。21世纪以来，青岛经济社会发展进入黄金时期，经济文化蓬勃发展：2008年成功承办北京奥运会、残奥会帆船比赛，国际影响力得以全面提升；对外开放成效显著，日韩十城环黄海经济圈格局形成，成为半岛城市群的龙头冠首；基础设施建设成绩斐然，包括胶州湾隧道在内，一大批国家级、省级重大项目陆续建成。青岛城市综合实力不断增强，品牌经济、旅游文化、海洋科技等城市特色与优势彰显卓著。

　　百尺竿头、更进一步。为了促进青岛这座近代城市史上的先行者，成为名副其实的开放、现代、活力、时尚的国际大都市，青岛亟需一座完善城市综合服务功能、凝聚区域性高端产业要素、提升中心城市价值的城市综合体。青岛老城区历史悠久、近代建筑荟萃，浮山湾畔不断变化提升的城市天际线是青岛改革开放的历史缩影。一幅碧海蓝天之中"红瓦绿树"与"干霄琼楼"交相辉映的壮美图画，展现了青岛蓬勃向上、生生不息的城市活力。为了提高土地集约利用率、发挥垂直高度复合功能利用价值、完善城市综合服务功能、创造美好宜居城市，更为助力青岛成为山东面向世界的窗口，在老海天大酒店原址上，矗立起一座具有七大业态的青岛新地标、超高层城市综合体——青岛国信·海天中心。

　　中西交汇，共筑高度。青岛国信·海天中心的建设以"国际标准、国内一流、沿海领先"为标准，建设团队荟聚中外精英，合作企业遍及五洲四海。青岛国信·海天中心建筑造型优美，如在海岸边扬起"大浪、小浪、千层浪"。项目秉承"绿色、科技、人文、智能"的理念，运用当今世界最为先进的工程技术，旨在打造鲁班品质的未来之都。

海纳千帆客，心容天下道。总投资137亿元，总建筑面积49.35万平方米，高达369米的海天中心，创造了一个高品质的城市会客厅。海天大酒店拥有1.3万平方米会议功能空间，可承接国际首脑会议、部长级会议等高级别会议，可提供734间客房，全面提升青岛的国际会务接待能力；云上艺术中心，建筑面积1700平方米，是全国最高的文化艺术展示空间；城市观光厅，距离地面高度330米，是山东省首家超高层垂直建筑之上的观光平台；位于82层的云端钻石CLUB，是山东省首家带有高空开放式露台的俱乐部；海天公馆拥有20个户型、7种设计风格，共219套全海景视野的居住"艺术品"。总面积2.7万平方米的海天MALL采用双首层设计，建设开放式艺术广场和漫步大道，集国际精奢商业与当代潮流文化为一体。超5A甲级写字楼同时获得美国LEED金级和中国绿色建筑三星认证，匹配世界500强和总部型企业办公及经营需求。

匠心十年，绽放华章。海天中心的建设凝聚了青岛国信发展（集团）有限责任公司及各家参建单位的心血与汗水，攻克无数技术难关，点亮城市新高度。本书从项目策划、规划设计、工程建设、运维管理四大方面，提纲挈领地勾画出青岛国信·海天中心项目的全貌，记录了海内外二百余家参建单位的倾情奉献与工程梗概。本书编研成果旨在为读者展示这一宏伟工程，致敬每一位参与者，礼赞青岛这座城市，庆祝建党一百周年。

目 录

006 | 海到无边天作岸——"青岛国信·海天中心系列图书"总序

012 | 前言

018 | 第一篇　世纪转身　海天之间崭新地标

020 | 第一章　城市记忆

022 | 城市情缘　老海天大酒店的记忆

026 | 勇担使命　再造海天

030 | 海天蝶变　从大酒店到城市综合体

034 | 第二章　描绘蓝图

036 | 城市标志　海天中心的宏图

040 | 传承创新　奏响"海之韵"

044 | 品质定位　国际标准、国内一流、沿海领先

048 | 垂直城市　布局七大业态

052	第三章 **匠心筑梦**
054	工匠精神　锲而不舍、十年打磨
060	超级工程　运筹帷幄、创新制胜
066	国信智慧　小业主、大社会

070	第四章 **永续运维**
072	深谋远略　"开发—建设—运维"一体化思维
076	统筹运营　"大物业"综合管理与标准体系
080	赋能城市　24小时的城市会客厅

086	第二篇　**海天共筑　全球合作荟聚菁英**
090	设计顾问
136	技术顾问
160	施工与设备
190	运营与服务
206	参建企业名录

210	第三篇　**大事记**

第一篇

世纪转身
海天之间崭新地标

海天

第一章
城市记忆

  诞生于 1988 年的"海天大酒店"坐落于青岛市香港西路 48 号，是山东省最早、规模最大的中外合作五星级酒店之一，曾接待多国元首政要，无数中外宾朋。在二十五年的时间里，作为中国改革开放的见证者，海天大酒店伫立在海天交汇处，是青岛眺望世界的灯塔，也是世界凝视青岛的窗口。

  时光荏苒，如今在海天大酒店原址崛起了新一代城市综合体——青岛国信·海天中心。它以 369 米的高度刷新了青岛的天际线，以 49.35 万平方米的建筑体量、七组高端业态，成为凸显青岛作为国家沿海重要中心城市、国际滨海度假旅游胜地的新名片，谱写城市未来发展的序曲。从海天大酒店到青岛国信·海天中心的蝶变，见证了这座滨海城市的崛起，映照出科技智慧之光，同时将人文精神与艺术魅力赋予青岛这座城市，书写着新的"海天"篇章。

城市情缘
老海天大酒店的记忆

青岛国信·海天中心（简称"海天中心"）的前身——老海天大酒店本身就是一座时尚地标和城市"印记"。这座建于1985年、1988年正式开业的知名涉外五星级酒店，在改革开放的浪潮中扮演了青岛对外交流的桥头堡，充当了世界关注青岛的窗口。老海天大酒店的地理位置得天独厚，坐落在风景优美的浮山湾，西临青岛著名历史景区"八大关"，东接青岛市政府与中央商务区，在城市发展的历程中，见证了西部老青岛的文化传承，目睹了东部新城区的建设发展。

时间退回到三十多年前，青岛作为中国对外开放的一扇窗口，担负着吸引外资、加速建设的重要使命。为满足城市发展需求，青岛第一家涉外酒店海天大酒店登上舞台。1985年筹备，1986年奠基兴建，1988年酒店一期（西楼）建成并投入试运营。一期工程总投资2 200万美元，总建筑面积近3万平方米，由来自香港的巴马丹拿建筑事务所负责规划设计，造型新颖利落。主楼地上13层，地下2层，共有各类客房303间，设有中西餐厅、咖啡酒吧、宴会厅、商场等服务区域；主楼东侧建有一座多功能厅，可召开容纳800人的国际会议。1990年3月，海天大酒店二期工程（东楼）

老海天大酒店一期、二期旧貌

动工兴建，1992年6月建成开业。二期工程总投资800万美元，由山东省建筑设计研究院设计，建筑面积3万余平方米，高25层，提供客房258间。至此，海天大酒店形成了完整的建筑格局与完善的配套设施，并以其优越的地理位置在青岛酒店业独领风骚。

从1988年开业到2011年停业的二十三年时间里，海天大酒店迎来送往无数宾客，其中海外游客51万人次，含近20位国家元首、政府首脑以及众多国家的政坛要员和知名人士。作为中国改革开放的参与者、见证者，海天大酒店亲历了青岛改革开放以来的飞速发展，陪伴这座城市一起成长，成为一代青岛人的共同记忆。

老海天大酒店一期旧貌

　　海天大酒店的服务水平也是中国饭店旅游业的里程碑。1985年成立的海天大酒店有限公司是青岛市最早的中外合资企业之一；1989年海天大酒店开始自主探索高档酒店的管理，通过积极学习国内外经验，不断完善内部运营机制，提高管理服务水平，建立起严格、高效的管理体系；1992年，海天大酒店正式成为国家四星级旅游涉外饭店，作为当时青岛鲜有的高星级饭店，以良好的声誉和独特的优势，成为日商、韩商及其他各国人士来青的首选，也是青岛市接待重要来宾的"会客厅"；1997年，海天大酒店荣升五星级酒店。进入21世纪，随着青岛旅游酒店业竞争加剧，海天大酒店在新形势下再次创业，探索形成"海天之间一个家"的服务品牌，2003年荣获国际服务业最高奖项——美国优质服务协会颁发的"五星钻石奖"，再度获得国际肯

左上：
老海天大酒店大堂
右上：
老海天大酒店客房
左下：
老海天大酒店游泳池
右下：
老海天大酒店宴会厅

定；2004年荣获青岛市服务名牌、山东省著名商标；2005年荣获"中国饭店业民族品牌先锋"称号。在过去的二十多年间，几乎在每一位青岛市民心中都有对海天的情怀，老海天大酒店成为一代人心中抹不去的记忆。

与此同时，在新的国际形势与城市发展战略背景下，青岛在中国乃至世界经济版图上的地位日益凸显，亟需一座能够激活城市脉搏、敞开城市胸怀、承接首脑会议、接纳四海宾朋的城市新中心。2009年，青岛市政府正式提出对海天大酒店实施改造，委任青岛国信接过历史的接力棒，收购海天大酒店100%的股权，以打造世界顶级旅游特色酒店品牌为目标，统筹研究海天大酒店的整体规划设计、建设和运营问题。

勇担使命
再造海天

　　青岛国信发展（集团）有限责任公司（简称"国信集团"）的历史亦可追溯到 1988 年，国信集团的成长，正是青岛城市发展的一个缩影。1988 年，为了解决城市电力严重短缺问题，国信集团前身——青岛市能源投资公司成立，积极融入城市发展主战略成为国信集团的基因。1993 年，组建青岛国际信托投资公司；1997 年，顺应全国金融体制改革大势，"国信实业"登上历史舞台；2008 年，国信集团正式成立。

老海天大酒店旧貌

二十世纪九十年代浮山湾全貌

无论怎样变化，国信集团始终在服务城市战略中寻求发展机遇，在成就城市梦想的同时履行着国企责任。

国信集团以"提高城市运营品质、提升城市运营效率、降低城市运营成本"为追求目标，以"市场化产融结合型城市专业投资运营商"为发展定位，逐步构建形成了包括综合金融、城市功能开发、城市运营服务和现代海洋、城市信息产业的"3+2"主业架构，以市场化、平台化思维，优化产业布局、转换发展动能，营造开放共享、协同共促的现代都市服务产业生态圈，实现了企业与城市融合发展。在此过程中，国信集团以匠心铸经典、以品质鉴初心，参与了一批重大项目的建设与运营：青岛大剧院、国信体育中心、胶州湾海底隧道、海洋国家实验室、红岛会展中心、国信金融中心……在实现青岛的城市空间拓展、城市功能完善的同时，使市民的幸福感得到极大提升。青岛这座城市深深打上了"国信"烙印。

再造海天，既是机遇，也是挑战。海天大酒店的改造备受社会各界关注，从整体规划设计到建设品质都必须精益求精。海天大酒店坐落于都市核心区位，坐拥海景资源，作为本地高档酒店的代表，见证了青岛城市的成长，品牌形象深入人心。然而，海天大酒店（下文简称"老海天"）由于设计建成年代较早，在城市快速发展、更新迭代的过程中，运营逐渐显露疲态：餐饮和休闲设施陈旧，大型会议的接待能力有限，经营上难以与时下以综合体形态存在的新型物业匹敌，也不再匹配青岛市城市总体功能和发展战略要求，在国际连锁品牌的冲击下逐渐失去市场竞争力，曾经的"城市会客厅"风光不再，对比周边相继建成的高层建筑相形见绌。如果要在新一轮竞争中脱颖而出，老海天势必要进行一场彻底的焕新，唯有整体拆除重建，方可全面释放基地

建设中的海天中心

内稀缺的土地资源,统筹利用地上地下城市空间,结合已规划在建的地铁、地下城市隧道等,做到立体开发、互联互通,作为一个重要的城市公共交通节点,为城市提供更强大的服务辐射力。

对国信集团而言,这是一个重大的历史性决策,对政府而言也是如此。拆掉老海天要顶住许多质疑的压力——新海天最终能否实现王者归来,能否肩负起开拓青岛城市未来新格局的历史使命?老海天的改造,只许成功、不能失败,必须站在城市功能提升与战略发展的高度,以卓越的眼界和格局,打造一个不负时代的作品。

海天蝶变
从大酒店到城市综合体

城市综合体向更强的城市性、更大的规模发展,是一股全球性的趋势。覆盖全功能链的城市综合体为社区乃至城市提供了商业零售、商务办公、酒店餐饮、公寓住宅、综合娱乐等全方位的功能支持,建立一套能够承载高品质城市生活的立体公共空间体系;兼顾长短周期的复合功能业态,有助于发挥空间的最高效益,确保项目良

海天中心概念方案评审会

性发展与永续运营。一座成功的城市综合体能够高效整合城市资源，刺激区域经济，提升城市能级。2003年落成的东京六本木新城开创了"垂直花园城市"之先河，以多元业态满足城市发展需求，成功激发区域经济活力，成为城市综合体的标杆、东京都的新地标；2010年建成的香港西九龙地铁站上盖Union Square，丰富了维多利亚港湾九龙沿岸的摩天楼景观，带动西九龙地区的经济发展活力，疏解已经饱和的九龙中区与东区的人口压力，进一步巩固了香港作为国际大都会的地位。

老海天位于八大关与中央商务区的交汇处，基地位置具有上佳的发展综合功能项目的潜能。2009年9月开始，青岛市委市政府相继召开关于老海天改造的专题会议，提出海天大酒店改造项目需要在资金平衡能力的基础上实现"功能最大化"的目标，突出商务会议、度假旅游、零售空间、写字楼、酒店式公寓和大型高端会议功能，打造一座青岛市的标志性建筑，成为具有全国影响力的酒店。

瑞吉酒店入驻海天中心签约仪式

海天大酒店旧址爆破现场工程专家

  项目的核心与原点是老海天的升级,在标准五星级酒店的基础上再引进一个国际酒店管理品牌的豪华五星级酒店,形成双酒店格局。一方面,可以保持海天大酒店在青岛具备的客户基础与品牌认知,更好地接洽地方政府与提供内需服务;另一方面,国际品牌则有助于在全球市场开展营销与预定服务,吸引海外游客,拓展国际影响力。以两大酒店为核心,进而延伸出甲级写字楼、公寓、观光、商业等业态,各物业相对独立,协同发展。至此,项目定位与功能策划初具雏形。在充分、翔实的可行性研究的基础上,国信集团面向全球进行方案招标,启动了项目的规划设计,目标是打造一座能够承载并凸显青岛作为东部沿海区域经济中心、现代化服务中心、文化中心、国际滨海旅游度假胜地的城市新地标。

海天大酒店旧址爆破
现场观摩领导

　　确定了前期策划定位和思路，老海天的拆除提上了议事日程。青岛市民对老海天有着深厚的感情，老楼的拆除牵动着社会各界的情绪，也是海天中心建设工作面向社会的关键一步。国信集团对能否顺利爆破捏了一把汗，经过周密筹备，多方考察，调研国内外拆除技术和案例，邀请国内知名爆破专家交流研讨，基于项目体量、区位和复杂程度制作模型反复演练，最终决定选择以单向折叠爆破方案拆除老海天建筑体，并且就爆破全过程安全防护、降尘、降噪、减震、监测以及爆炸物管理和安全使用制定了实施措施，编制了应急预案，在周围敏感区域布设了振动检测设备，保证拆除过程万无一失。2013年6月10日清晨，随着一连串低沉的爆破声，陪伴了青岛二十五年的老海天在晨曦中徐徐倒下，成为一代人永久的回忆。岛城市民带着些许怀恋与不舍，期盼崭新的城市梦想在地平线上升起。

第二章
描绘蓝图

　　"海天中心"既是对"老海天"文化的传承，又标志着新时代、新起点的开端。这是一座集超 5A 甲级写字楼、海天大酒店和青岛瑞吉酒店、云上艺术中心、城市观光厅、云端钻石 CLUB、海天 MALL、海天公馆七大业态于一体的超高层城市综合体，以 369 米的高度刷新青岛城市天际线，成为城市发展新动能、城市会客厅新首选、总部经济新基地、文化旅游新地标，为建设开放、现代、活力、时尚的国际大都市贡献力量。

城市标志
海天中心的宏图

"建筑高度的背后，是一个城市的梦想。"世界高层建筑奠基人、芝加哥建筑学派代表人物路易·沙利文这样定义建筑高度与城市的关系。城市天际线的不断刷新，是城市快速发展的生动写照。每一座闻名世界的城市，都有一栋高度卓群的地标建筑，成为城市的代言。一座伟大的地标建筑，不仅刷新城市的高度，更向世界展示这座城市向上发展的凌云壮志。

海天中心是否应该是青岛的城市地标建筑？答案是不言而喻的。

在城市新旧动能转换的形势下，青岛需要一座承载城市内涵、代表城市形象的新地标，它应该与城市的发展战略相匹配，与地理风貌相呼应，与时代精神相契合。而海天中心所处位置，正是最具青岛风貌特色的核心位置，新时代的青岛城市地标就应该在这里！

2010年2月，国信集团邀请美国KPF和SOM等四家国内外知名设计公司参与海天大酒店改造项目规划建筑方案竞标，6月由青岛市规划局组织召开专家评审会。

海天中心建筑规划全球征集投标方案

经过激烈角逐和层层筛选，KPF 和 SOM 的规划方案排名靠前。KPF 的规划方案包含三座塔楼及裙房，用曲线的建筑形式契合海湾，演绎海洋的主题，以海贝形塑塔楼，以岩礁模拟裙楼，带来全新的视觉感受。SOM 的规划方案提出用一条斜向的公共空间贯穿场地，将城市主干道香港路和海岸线连接起来。

2012 年，在进一步明确用地范围和设计指标之后，悉地国际（CCDI）和 Archilier Architecture（AA）事务所组成设计联合体（简称"AA+CCDI"）投标，在优胜的规划方案基础上开展深化设计，合理功能布局，优化落客体验，提出充分体现青岛地域特色与海天文化传承的建筑形象方案。

为延续老海天的观光功能，更好地实现青岛城市观光中心的观景体验，建筑高度确定为 369 米，比青岛市区内最高峰——海拔 368 米的浮山主峰高 1 米，这体现了

国信人"山高人为峰"的一种卓越追求！它将以青岛市中心"第一高度"的身姿，承载青岛作为东部沿海区域经济中心、现代服务中心、文化中心及国际滨海旅游度假胜地的城市功能和内涵。三座塔楼布局讲究，高低有致，互为映衬，令人印象深刻。项目定名为"海天中心"，致敬历史，揭幕未来。

随着一轮轮的设计推演，一次次的专题论证，新海天的蓝图越来越清晰——集七大业态于一身的海天中心是世界范围内业态最为丰富的城市综合体，将发挥资源整合优势，提升城市竞争力，为半岛地区注入活力，打造青岛国际都市的形象。这座崭新的城市地标将引领消费、居住、商务理念的升级，带来全新的都市生活体验，一幅诱人的城市画卷正在徐徐展开。

海天中心方案效果图

传承创新
奏响"海之韵"

这座城市地标应该传递怎样的精神气质？

老海天大酒店的特殊性决定了海天中心的规划设计必须慎之又慎，既要回应市民对老海天的情结，也要满足对城市未来的期待。2010年规划设计国际竞赛评审过后，青岛市委市政府提出，海天中心的设计必须找到青岛历史发展的脉络，深刻理解项目的建设意义和历史使命，挖掘、梳理和提炼"老海天"的文化特色，吸收现代文化精华，创作建筑精品，重现海天辉煌。

2012年，AA+CCDI在规划方案的基础上，结合新的用地条件重新梳理组织功能，并以"海之韵"的设计创意诠释了"传承历史、面向未来"的意涵，三座塔楼错落有致，以富有韵律的灵动曲线丰富了青岛的天际线。

海天中心的总平面布局，继承了老海天三座建筑垂直于海岸线的格局，三座塔楼的轮廓也延续了老海天六边形的平面形式，南北宽、东西窄，最大程度地保留了从城市内部到滨海景观的通透感，避免庞大的建筑体量形成一堵密不透风的"墙"，阻隔城市与滨海的联系。这样的建筑造型也有助于疏解风压，减少海面刮来的强烈海风对结构产生的不利影响。

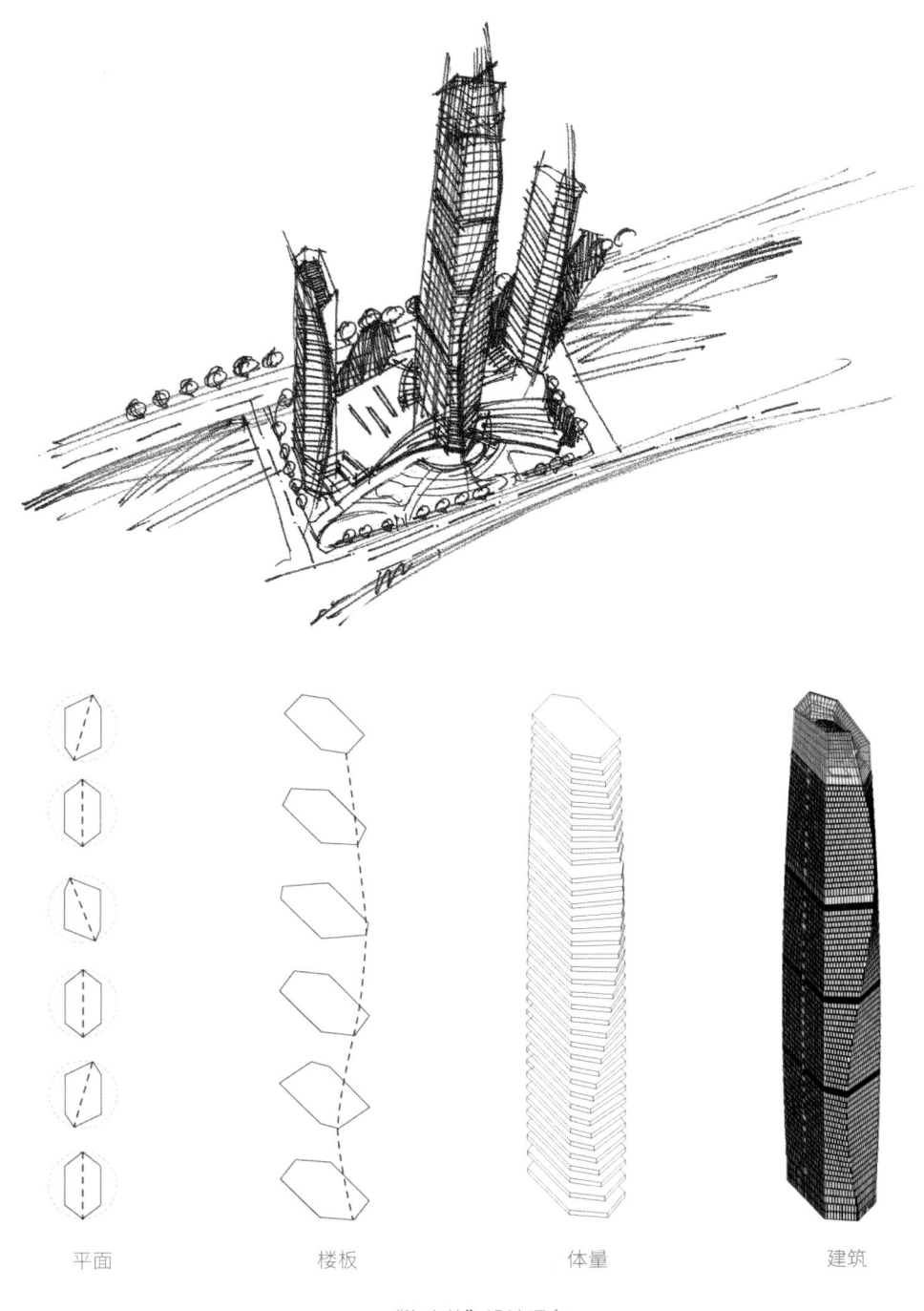

"海之韵"设计理念

传承之余,更有创新。三栋塔楼每层南北端点渐次摆动,连成六条海浪般的曲线,将青岛的海洋元素转化为设计语言,为静止的建筑赋予动感的韵律。建筑立面延续了老海天层叠窗的设计,锯齿形幕墙单元使塔楼的每一个房间都有良好的观海视角;横线条的立面形式与色彩搭配,让人回想起老海天的"海魂衫"形象。幕墙单元如鳞片般错动,与塔身的曲线、塔冠的穹顶一同形成"大浪、小浪、千层浪"的意境。在阳光照耀下,幕墙似碧波万顷、甲光向日;远远观之,三座塔楼为城市天际画下优美轮廓,如浪涛起伏、生生不息。

海天中心的裙楼及场地,构成了一个具有包容性、公共性与开放性的城市公共空间。地面空间设计了贯通城市道路与滨海沿岸的城市公共通廊;景观设计由 SWA 操刀,通过不同空间层次的城市公共景观,集公共艺术品、立体水景、植物景观于一体,建立与海岸线景观的联系,增加城市步行活动的舒适性,塑造城市重要的沿海公共艺术景观节点。

"海之韵"的设计理念是对老海天"形近"而"神似"的继承,凸显"海天"品牌的文化积淀和本土优势。同时,借助现代设计理念和技术手段,在业态布局、功能配套、建设标准上全面超越了老海天,达到国际先进标准,展现立足青岛、放眼世界的雄心壮志。

下图:北侧效果图
右页图:幕墙效果图

品质定位
国际标准、国内一流、沿海领先

新时代的青岛地标性建筑应该具备怎样的品质?

建筑是时代的缩影,城市的象征,彰显着城市的灵魂和魅力。一座城市的地标,必须与城市的发展战略相匹配,与城市的地理风貌相呼应,与城市的时代精神相契合。立足青岛,放眼世界,海天中心需要以"世界眼光和国际标准"来指导开发定位、建设标准、运营理念,努力建设一座具有世界一流水平的城市综合体,领航城市发展。

海天中心南侧裙房效果图

海天中心与上海中心项目建设咨询合作签约仪式

如何实现世界眼光与国际标准的目标？自项目启动伊始，海天中心便聘请世界一流的咨询顾问公司成为合作伙伴，参与立项研究、规划设计、工程建设及运营管理的各个阶段。国际顶尖的专家与机构不仅为项目提供了国际视野和先进标准，也为项目的成功实施与运营维护提供了品质保障。

为了在项目管理上与国际接轨，国信集团从招投标、设计管理、工程管理到资产运营管理等各个环节引进国际标准，在工作方法上为项目的高起点规划、高标准设计与高品质运营建立基准。海天中心建设团队求贤若渴，虚怀若谷，在合作中向世界一流专家顾问学习先进的工作方法与工作理念，旨在将自己磨练成一支技术与管理并重的一流队伍。

海天中心夜景效果图

　　九层之台，起于累土。立项阶段，国信集团邀请国际老牌的酒店专家浩华国际（Horwath HTL）和全球知名的商用房地产服务及投资公司世邦魏理仕，开展老海天现状调研与国内外同类项目的趋势分析，为未来的酒店规模、市场定位提供了科学论证，并在高档商务度假酒店的功能基础上拓展了城市综合体的业态布局、功能配比及经营方式。缜密的前期筹备工作为项目开发搭建了可靠的框架。

　　设计阶段，诸多国际知名工程公司纷至沓来，为工程进展注入强劲动力。AA+CCDI 优势互补、珠联璧合，创作的"海之韵"方案彰显了海天大酒店的历史文脉与青岛滨海的地域特征；Thornton-Tomasetti 在工程结构设计领域声名卓著，专门为世界上最具挑战性的项目出谋划策，他们为海天中心提出了结构设计优化建议，为建筑结构的安全落地保驾护航；Rowan Williams Davies and Irwin Inc 是世界著名的风工程与环境咨询公司，拥有该领域核心技术与丰富经验，曾参与几乎所有著名超高层建筑工程，他们为海天中心完成了风洞试验、风振计算与调谐液体质量阻尼器设计，将风加速度降低了 30%，极大地提高了用户的舒适度。巴马丹拿集团是东南亚历史最悠久、规模最大的建筑设计咨询公司，作为老海天最早的设计者，与海天亦有深厚的历史渊源，三十年后巴马丹拿与海天中心再度携手，承担了写字楼室内设计，并将时间胶囊的概念运用在观光厅游览路径，追忆过去，抵达未来。世界领先的工程造价专家凯谛思建设工程咨询有限公司（原名威宁谢建设工程咨询有限公司）以其丰富的国际高端项目经验，向海天中心建议了匹配其定位的采购区间，并提供精准的造价预算以及造价控制方法。

不仅如此，国信集团还以开放的姿态，向世界顶尖的同类项目学习。在城市商业综合体开发与运维方面，国信集团参考了东京六本木新城、迪拜哈利法塔、上海环球金融中心等知名项目的成功经验，在地下空间综合开发利用、观光层运营及新媒体营销、商业资源与星级酒店管理等方面为海天中心设立了参考范式。国信集团还聘请了来自日本和上海拥有超高层综合体开发建设经验的公司作为海天中心咨询顾问，在管理体系、开发设计、施工过程、项目建设转运营、资产管理平台搭建等方面获取经验和建议。

由此，海天中心从前期策划、工程造价、规划设计、结构咨询、风洞实验，到垂直交通设计、景观设计、室内装饰、标识导视，再到酒店管理、资产管理，全程与国内外两百多家领先企业合作。国信集团荟聚全球菁英，以一流的管理、一流的服务，为项目的品质提供保障。

垂直城市
布局七大业态

这座地标应该拥有怎样的强大功能内核？

历经周密的筹划，海天中心形成"七大业态"的功能组合与经营格局，并邀请业内顶级设计团队打造高品质的室内空间。物业之间的协同发展使项目价值得以最大化，演绎了"城市发展新动能、总部经济新基地、文化旅游新地标"的开发愿景。

海天中心由 T1、T2、T3 三座塔楼和裙楼组成。海天大酒店位于海天中心 T1 塔

海天大酒店大堂效果图

上左图：
青岛瑞吉酒店空中大堂效果图；
上右图：
超 5A 甲级写字楼效果图

楼的 G—31 层，与会议中心的联系更为紧密，便于开展大型会务接待及商务宴请。新的海天大酒店地上建筑面积约 6.5 万平方米，按照五星级酒店标准建造，邀请香港 CCD 担纲室内设计。配备 501 间全海景客房，以及可独览青岛城市风光的行政楼层和全海景总统套房。设有大堂酒吧、海景全日餐、中餐宴会、日本料理等中外五种餐厅。此外，2 600 平方米、18 米层高的大宴会厅更是青岛最大的会议厅，具备承接国际首脑会议、部长级会议等高端会议的能力，配以 13 间大中小型会议室，将全面升级青岛国际商务会议功能。

青岛瑞吉酒店 (St.Regis) 位于海天中心 T2 塔楼的 58—78 层，拥有绝佳海景、山景与市景视野。室内空间由新加坡的酒店设计大师林丰年（LTW designwork）担纲设计，拥有 233 间超五星级客房，标准间面积约 55~60 平方米，是普通五星级酒店配置的 1.5 倍；设有空中全日餐厅、行政酒廊、瑞吉特色酒吧及特色海鲜餐厅等瑞吉品牌餐饮；全海景空中大堂、通高的中庭与标志性的典雅楼梯令人流连忘返；空中无边际泳池使宾客在城市繁华上空享受天海一色的独特体验。

超 5A 甲级写字楼位于海天中心 T2 塔楼 1—55 层，是青岛首个 LEED 金级与中国绿色建筑三星双认证超高层建筑。建筑面积约12万平方米，单层约2600平方米，拥有全海景摩天办公空间。采用首层、空中双大堂设计，塑造充满质感的商务空间。大楼设备全面采用世界领先科技，如人脸识别无感速通、全目的选层智慧派梯等。全区配置了24部客梯，含4部超级双轿厢电梯，其运载能力比普通客梯高一倍，以国际级的商务效率，吸引大型跨国公司、总部企业以及行业领军企业入驻。

海天公馆位于T3塔楼5—61层，具有独立的人车流线。邀请七位世界顶级室内设计大师为219套海景住宅创作了艺术品级居住空间。以前沿的设计理念，满足客户个性化、高品质的起居需求。

位于T2塔楼80层的云上艺术中心是山东省首家高空艺术中心，建筑面积1674平方米，将通过固定展与巡展相结合的形式，成为集艺术、展览、文创为一体的城市艺术圣地，提升楼宇艺术氛围与文化品质。

位于T2塔楼81层的城市观光厅，是山东省首家超高层垂直观光平台，建筑面积1516平方米，距离地面330米，向西可揽胜八大关老城区红瓦绿树，向东承接新城区璀璨繁华，360°俯瞰壮美海景、山景、市景，细数旧城到新城的变迁。内部设有高空悬挑全透明玻璃观景平台，全方位感受身处"天空之城"的独特震撼体验。

左图：
海天公馆大堂效果图
右图：
云上艺术中心效果图

上图：
城市观光厅效果图
左下图：
云端钻石 CLUB 效果图
右下图：
海天 MALL 效果图

位于 T2 塔楼 82 层的是云端钻石 CLUB，定位为精英社交领地，面积 840 平方米，顶部为透光穹顶，将天幕尽收眼底，"日月之行，若出其中；星汉灿烂，若出其里"，每当夜幕降临，则仿佛置身银河。

海天 MALL 占据东海路、香港路的城市界面，紧邻地铁 3 号线，总建筑面积约 2.7 万平方米，覆盖零售、餐饮娱乐等全方位商业服务，商业设计专家伍兹贝格（Woods Bagot）打造了特色的灵动室内空间，提升其商业价值。海天 MALL 将为市民及游客提供全方位、全天候的商业体验，为新时代年轻人带来新的生活和消费方式。

多元的业态使海天中心具备 24 小时不间断的活力，这座以"绿色、科技、人文、智能"为理念的超级建筑展示了一幅面向未来的都市生活图景。同时，作为青岛"新旧动能转换"的重要载体，海天中心充分发挥城市综合体的"虹吸效应"，助力青岛建设开放、现代、活力、时尚的国际大都市，推动区域经济提振与社会文化发展。

第三章

匠心筑梦

今天，建筑工程早已步入科技引领、创新驱动的新时代，高达369米的青岛国信·海天中心更是先进施工建造技术的集大成者，在建设过程中集中展现了建设者的智慧和中国工程建设领域的最高水平：应用全生命周期BIM（建筑信息模型）构架三维模型，智慧云建造立起青岛新高度……先进高效的施工工艺贯穿项目始终，迎难而上的奋斗之姿突破极限，攻坚克难的创新精神迸发奇迹，一系列创新攻坚让海天中心最终巍然屹立在浮山湾畔。

工匠精神
锲而不舍，十年打磨

工匠精神是一种严谨认真、精益求精、追求完美、勇于创新的精神。我国自古就有尊崇和弘扬工匠精神的优良传统，所谓"艺痴者必技良"，在今天海天中心这样的大型工程中，处处可见秉持打造精品的工匠精神：一件室内的石材样本，千翻辗转、反复比对；一个方案设计细节，精雕细琢、不断深化；探寻设备与构建加工厂家，一日千里，考察论证；学习对标单位，踏破铁鞋，登门求教。在长达十二年的开发建设历程中，海天中心的建设者们斗高空、战风雨、抗疫情，上下齐心，不畏艰难，共同打磨不辱使命、不负时代的建筑精品。

2016年大底板一次性浇筑现场

海天中心建设站上地面

海天中心在世人面前呈现出许多瞩目的成就：三座超过 200 米的高塔临海而立；七大业态的丰富程度全国第一；四通八达的地下空间连接隧道和地铁；中国最高的艺术中心耸峙云端。它还是首座 LEED 金级与绿色建筑三星双认证的超高层建筑，拥有 2 600 平方米超大宴会厅、世界上首个异形消防水箱液态阻尼器、七位国际大师打造的一线海景豪宅……不仅刻画了浮山湾的天际线，入夜还在海岸边上演璀璨的灯光秀。这些成就的背后，是海天中心建设者们的执著与坚持。

LEED 认证是由美国绿色建筑委员会 (USGBC) 颁发的国际权威绿色建筑体系，由五大方面、若干指标构成，旨在推动建筑有效地减少对环境和住户的负面影响。《绿色建筑评价标准》是中国权威的绿色建筑评价标准，从节地与室外环境、节能与能源利用、节水与水资源利用、节材与材料资源利用以及室内环境质量等类指标逐项严苛考核、选评，划分为三个等级，最高为三星级。值得一提的是，海天中心在建设过程中经历了一次标准的改版。2015 年 1 月正式施行的新版《绿色建筑评价标准》更

海天中心领导班子视察施工现场

为精细、全面、严格,也对参评项目提出了更高的要求。在围护结构热工性能方面,新标准在国家建筑节能设计标准规定的基础上增加了 20% 的节能要求,由于提升幕墙热工性能的代价高昂,很多申请者望而却步。除此之外,由于海天中心业态复合(如 T2 塔楼包含办公、酒店、观光与艺术中心等业态)对节能节水的要求与规范不同,需要与绿色建筑三星的标准项目协调,在一定程度上增加了申请难度。但这些因素,并没有阻止海天中心追求卓越的步伐。海天中心于 2015 年 6 月开始绿色建筑设计三星标识申请工作,为提高节能标准,将幕墙中空玻璃升级为双层中空玻璃;此外也针对空调、照明等设施设备开展了一系列优化与提升工作,最终于 2018 年底获得住建部绿色建筑三星认证,成为新国标下国内首个超高层绿色建筑三星认证建筑。

作为在建筑规模、建筑高度、功能配置、经营水平等方面均创造历史的地标建筑,海天中心地下空间利用不仅应该与项目定位匹配,而且应进一步承担完善城市功能的职责,解决核心商务区崛起带来的停车问题,提升城市基础设施服务能级。国信集团本着对项目负责、对城市负责、对历史负责的态度,在原始规划方案基础上,以发展的眼光重新论证了地下空间的利用问题,将地下室层数确定为六层,在岩石地基上开挖深达27.5米的基坑，建筑地下面积与地上面积比率达到46%，在国内首屈一指。超大规模的地下空间无缝衔接综合体内的多元业态，也串联起周边大型项目及优势资源，使整个核心商务区的地下空间利用得到有效提升，构建连贯东西、辐射周边的地下"经济走廊"和海天中心物业运行的"心脏"。

海天大酒店大宴会厅，原定位为全面提升城市高端商务与会议功能，满足未来二十年国际首脑与省部级会议要求，在原规划设计中宴会厅设定为2 200平方米，将更多空间预留给城市道路至海边的步行通廊。2016年，随着青岛举办国际会议的规模与频次不断增加，为满足未来举办更高规格的国际论坛，如G20峰会、APEC会议、达沃斯论坛等的需求，海天中心决定进一步扩大宴会厅规模，而此时大宴会厅已进入施工阶段。国信集团与设计团队利用时差昼夜奋战，为了最大程度地减少拆改，在保证工程进度的情况下，设计团队对比多种方案、反复研讨推敲，调整涉及建筑立面、消防性能、裙房结构、瑞吉酒店入口等区域，优化后大宴会厅建筑面积达到2 600平方米，在国内同类酒店会议中心中规模名列前茅，使海天大酒店更具发展前景与市场竞争力。

海天中心四大工种施工现场

海天中心采用了世界上首个异形水箱液态阻尼器的风振控制系统。为了减少海边超高层建筑的风振效应，提升办公、生活的舒适度，海天中心结合建筑功能布局，在 T2 塔楼顶部设置了被动型调谐液态阻尼器，为世界上首个非规则水箱的液态阻尼器。通过水箱内波浪的往复运动产生阻尼力，达到吸能减振的目的，即使在大风条件下，依然能有效保障大楼的安全和稳固，保证住户的舒适体验。海天中心在加拿大麦克马斯特大学的振动台实验室完成了水箱振动台试验，同时在加拿大纽芬兰圣约翰城纪念大学中心进行了运作体验仿真模拟实验，确保阻尼器的使用效果。

海天中心逐层旋转的建筑轮廓，给海天公馆户型设计带来极大挑战。设计方案数次被推翻，几易其稿。为了寻求突破，国信集团广泛调研国内外一线城市高端住宅的设计与运营经验，反复研讨住宅户型，扩大功能空间尺度，通过改良动线、取消窗台、开放厨房、设置明卫等手段引景入室。为了尽可能真实直观地感受室内户型空间关系，工程管理人员亲自驻扎现场 1:1 放样，最终优化出 16 套风格不同的基本户型，以"天下大事，必作于细"的精神，实现了海天公馆的品质提升。

海天中心不仅以建筑轮廓刷新了城市的天际线，其先进的夜景照明技术也引领时代风潮，成为岛城夜晚最绚丽的风景线。海天中心夜景照明以"诗、书、画""点、线、面"为设计理念，拥有全光谱线性灯具 71 000 余米，投光灯、点光源、洗墙灯等灯具 1 万余套，全部采用全球顶级品牌灯具，色彩饱和、效果细腻，以巧妙的安装方式隐匿布置在表面积为 17 万平方米的幕墙表面，这些照明技术不仅可以在海天中心上演前卫、动态的灯光秀，还能够通过智能控制手段与浮山湾夜景照明联动展示。自 2018 年上合峰会以来，浮山湾打造出目前世界上最长的滨海曲面灯光影视屏幕，而海天中心夜景照明与之联动，成为整个画面中最生动的点睛之笔，给浮山湾夜景带来质的飞跃，引领这座城市夜晚的文明与活力。

左页图：爬模顶升

超级工程
运筹帷幄、创新制胜

每一项超级工程都是一个时代的投射，伟大工程记录了伟大的时代，更记录了建设者们攻坚克难，不断突破技术难题、直面建造挑战、刷新城市高度与建设规模的心血与汗水。海天中心的每一项工程挑战，形成了建设过程中的"基因"，成为解读其工程建设的"密码"。

海天中心工程位于繁华市区，用地非常局促，紧邻观光海岸，交通限制严格。地下施工阶段，为克服场地狭小的施工难题，项目团队研发设计了可周转装配式大坡度钢坡道，使车辆直接下到基坑内，于二十天内完成了十万立方米土方外运。海天中心大底板混凝土连续 36 小时浇筑，以钢坡道、布置溜管、伸缩式皮带输送机、汽车泵等机械设备为"装备利器"，各个搅拌站、运输车队、灯光照明等人员团队为"作战队伍"，犹如打一场两天两夜的战役，多个区段有序穿插作业，实现了混凝土浇筑每小时 350 立方米的海天速度。

2016 年底地下工程完成，海天中心终于站上地平线。在极其有限的时间与场地内，保证三座塔楼齐头并进，确保三支施工队伍高度协调，其难度远超独栋塔楼的施工。青岛国信海天中心项目三栋楼同时施工，需要根据现场施工情况随时调整，尤其在施工高峰期，每天都必须协调现场材料堆放、楼内材料垃圾清运的问题。

右页图：
海天中心建设俯瞰

左图：
大宴会厅钢结构屋顶一次性吊装现场
右图：
海天中心建设突破200米
下图：
浮山湾畔即将完成幕墙施工的海天中心

崭露头角、拔地而起的青岛海天中心，初显海浪流动、旋转的建筑形象，优雅而美观，T1、T3塔楼主体结构南北摆角，自底到顶呈弧线形上升，且摆动幅度不一致，单层最大摆角3.6°，位移达到0.66米。常规的矩形竖向爬升的脚手架，不能贴合旋

转立面,无法满足异形变化截面的建筑施工要求。为完美展现海天中心的"海之韵"造型,海天中心施工团队针对扭曲结构创新性地设计了可变角斜向爬升全钢附着式升降脚手架,针对外立面造型变化进行斜向爬升,在保证施工安全的前提下提升了施工质量,相较于传统钢管式外脚手架,工期缩短近二分之一,也便于后期幕墙施工。

T1塔楼的大宴会厅,钢桁架南北横跨58.8米,重约1100吨,是山东省最大的宴会厅,采用"超大型构件液压同步提升技术"进行施工,14个吊点各配置1台液压提升器,历时5小时一次性提升12.5米,位列当时山东省钢结构单次提升体量榜首。

在钢结构安装与机电安装过程中,如此巨大规模的建筑,构件与设备的数量更是车载斗量、数不胜数。如何确保每一个构件的精准安装、减少返工与误差?海天中

海天中心灯光秀展示效果

心项目团队依托在设计阶段已将设计模型、结构模型与各类管线模型融为一体的 BIM 技术，在计算机模型中进行施工预演，将各专业的设计误差提前纠正在襁褓之中，避免了在"荷枪实弹"的施工现场可能出现的诸多问题。此外，基于 BIM 系统，建立了钢结构全生命周期信息化管理平台与机电工程数字化装配技术，让每个构件都拥有自己的专属"身份证"，一张小小的二维码贴纸，涵盖了设计、生产、运输、堆放及安装全过程的数据流，确保每个钢构件与机电设备的施工组织都能够提前"排兵布阵"，将大量的现场施工作业转移至加工厂内，而在现场拼装预制构件，极大地避免了施工现场噪声污染、施工垃圾、机械伤害，也减少了动火焊接作业、高空作业的工作量。

此外，项目研发了基于窄带物联网的超大建筑群智慧工地施工管理技术，解决了现场作业人员管理及现场安全管理的问题，提高了施工现场管理效率。智慧建造平台可实现智能监控、数据自动采集、远程传输、预警推送等功能，包括混凝土湿度实时测试、PM2.5实时监测、塔吊可视系统等。作为青岛市首个"智慧工地"平台，该技术入选"中国工程建设行业互联网发展最佳实践案例"。

运筹帷幄，决胜千丈。海天中心搭建了合理有效的工程管理构架，通过统一部署、分组负责、增强调度等制度建设与全面执行，实现了科学的施工组织，不断刷新海天高度与海天速度。

国信智慧
小业主、大社会

  国信集团基于多年大型工程建设经验，在青岛海天中心项目中继续探索实行"小业主，大社会"的建设管理理念。项目管理团队人数不多，专业部门负责人大都具有相应执业资格和高级专业技术职称，是一支高度专业化、职业化的团队。同时，项目充分利用社会资源，实行开放式、社会化管理，先后邀请包括两院院士在内的多位国内顶级专家参与海天中心的规划设计、施工、管理、设备材料选型等方面的咨询和方案评选、论证；聘请国内同类项目的建设与管理负责人作为专业顾问；与国内外多家专业院所开展了科研合作。

  "小业主"一方面意味着业主队伍不需要很庞大，另一方面意味着业主队伍不需要网罗工程各个专业领域的人力，而更偏向于技术和管理并重的复合型人才。业主的工作主要是鉴别、对比、分析、判断、决策，然后监督落实。在个体层面，充分发挥个人的主观能动性；在组织层面，抓组织建设、制度建设，理顺体制机制，做到政令畅通、令行禁止，充分发挥集体的优势。这样的"小业主"并不"小"，而是一支具有强大战斗力、执行力的精炼队伍。

  而"小业主"的短板和缺项，就由"大社会"来补充和完善。大社会，一是充分利用社会资源，实行开放式、社会化管理。海天中心从规划设计、项目管理到工程建设、设备选型，全过程与世界范围的业内顶级专家、机构合作。二是组织业主的管理人员和技术人员走出去，向国内外同类大型开发项目学习、取经。三是充分调动设计、施工、监理、课题单位等各参建单位的积极性，让他们各尽所能，完成好自己的任务，也鼓励他们充分发挥优势，积极建言献策。

"小业主"和"大社会"之间尽管一直追求合作、共赢，但也存在矛盾甚至对立。一方面，参建单位在各自领域内都有着丰富的经验，然而遇到技术难题时，他们的见解往往局限于既有经验和技术。另一方面，作为利益相关者，参建单位难免因为在项目中所处的位置和角度而影响判断。此时就需要业主发挥主导作用，从初心出发，从全局出发，做出有利于项目长远效益的判断和决策，真正发挥出"小业主，大社会"的优势。

海天中心项目建设中期专题研讨会现场

以幕墙为例，海天中心幕墙本身造型独特，设计、生产、安装技术复杂，加之追求卓越性能，其难度之高在国内数一数二。超高层建筑为避免烟囱效应，极少使用可开启幕墙单元。海天中心考虑到极端条件下无法启用空调系统的可能性，提出幕墙设计必须满足自然通风的功能。经过与多家技术顾问的反复研讨，塔楼采用平推窗结合幕墙通风器的复合式解决方案，实现了"会呼吸的单元式玻璃幕墙"，天气良好的时候随时可享自然通风，保证室内空气清新、舒适。在工程建设期间，经历了新冠疫情给方方面面带来的影响，恰好证明这一决定的远见与人性化。

实践是检验真理的唯一标准。为了验证幕墙的性能，国信集团协同设计团队、幕墙顾问、生产厂商、施工单位、建筑技术研究机构和国内权威检验机构，在五年间开展了无数次设计论证和现场试验。仅专家论证会就进行了六次，从不同角度出发对各阶段幕墙结构体系、材料选型、技术标准等方面进行了翔实的论证，理论结合实际，为项目幕墙顺利施工奠定了坚实的基础。实体幕墙实验更是一丝不苟，分别在国内

T2 塔楼穹顶施工现场

幕墙实验现场

各大实验中心进行，证实了海天中心幕墙的性能：真金不怕火炼，在湖南湘阴国家消防工程技术研究中心试验基地的三次幕墙防火实验，验证了幕墙层间等效防火构造的可行性；冰天雪地、天寒地冻也不会影响幕墙结构体系的安全性能和使用功能，在北京国家建筑幕墙工程检测中心的幕墙四性试验（风压变形性能、空气渗透性能、雨水渗透性能和平面内变形性能），验证了极寒天气下幕墙结构体系的安全性与合理性；除此之外，幕墙还要经得起时间的考验，在上海建筑幕墙检测中心进行的幕墙平推窗滑撑疲劳性能试验，验证了平推窗扇在反复启闭两万五千次情况下，依然具备滑撑的优良耐疲劳性能。海天中心团队用实践检验真理，确保近两万块幕墙板块安全、可靠、精准地安装在建筑结构体周围，成为一张会呼吸的表皮，支撑着海天中心节能、环保的长期运营。

第四章
永续运维

　　一流建筑需要一流运维，海天中心引入建筑全生命周期管理的观念，统筹布局、建立体系、引进标准，致力于打造 24 小时不间断的城市活力客厅。通过匹配城市战略、完善功能配套、提升城市品质、致力价值创造、塑造海天中心品牌，力求成为国内一流的高端超高层城市综合体开发运营商。

深谋远虑
"开发—建设—运维"一体化思维

超高层商业建筑在中国起步较晚,普遍存在"重开发建设、轻运维管理"的问题。实际上一个工程项目在开发建设阶段,一次性建设投入不会超出项目全生命周期总投资的30%,大量费用在后续的运营维护过程中产生。海天中心采用"开发—建设—运维"一体化思维的工程管理模式,着眼于项目的全生命周期与整体品质,通盘考虑规划、设计、采购、建造与运营的问题。

大型设备检查现场

海天中心在项目前期就充分论证了开发定位、业态布局和运营模式。除了海天公馆为销售型物业之外，其余业态均为业主长期持有运营，开发者注重物业的长期价值，而非短期盈利，致力于使城市综合体的社会效益最大化，维系建筑生命体的健康持久。例如，海天中心将最具商业价值的 T2 顶层空间定义为文旅业态，向市民开放，依托地标优势，突出文化属性，实现登高观景与艺术观展的双重体验，打造名副其实的"城市会客厅"。

高起点规划和高标准设计是高品质运营的基础。为了实现大厦在使用与运营中的安全、舒适、智慧与节能，海天中心应用了大量的新技术与新设备：通过重量相当于五台军用越野车的液态阻尼器，减少大楼的风振效应，确保使用平稳静逸；使用为数不多的超级双轿厢电梯，保证即使在上下班高峰期，客流依旧有条不紊；中央空调能源管理系统智慧管理所有制冷机组，保证在总体舒适的前提下，最大程度地降低能

海天中心物业服务

耗,比传统中央空调节能将近一半;VAV变风量系统能根据室温高低自动调整送风量,以满足室内负荷的需求;应用中央空调蓄冷技术,使空调在非使用时间亦可马不停蹄地储蓄能量,在用电高峰期甚至可以不开机释放冷量,大大节约了能源;四十种智能家居则细致入微地改变居住生活体验。前期的高标准建设投入不仅能提升舒适度,也降低了后期运维的能耗与成本。

城市综合体庞大的体量、精密的设备、迎来送往的巨大客流等特质,考验着运维管理能力与技术水平。海天中心是青岛首个也是山东省首批全生命周期深度应用 BIM 技术的超高层大型综合体项目。借助 BIM 智慧系统,将空间、结构、错综复杂的设备与管线建立在完整的建筑信息模型中,这些信息与数据,在运营阶段可进一步

海天中心工程人员现场检查

应用于智慧楼宇管理系统,在物业管理、设施设备维护等方面发挥长效的作用。

在运维团队建设方面,海天中心实现了工程开发建设管理团队向运维管理团队的"平滑过渡"与"无缝衔接"。大量工程技术人员参与了海天中心的设计建设与设备安装过程,他们对建筑布局、设备系统了如指掌,这些对后期设备系统的维护与管理是十分重要的资源。

将顶级的开发建设和优质的运维管理有机结合,既确保了绿色节能与空间活力,又实现了楼宇资产保值增值,如同找到了可持续发展的源头活水,使之生生不息,欣欣向荣。

统筹运营
"大物业"综合管理与标准体系

国信集团不仅把海天中心这座形式优美、结构坚挺、空间完备的超高层城市综合体献礼青岛这座城市,同时也关注这一建筑杰作如何能为青岛创造一个活力四射、高效便捷、不同凡响的城市客厅,真正实现海天中心的城市公共品质与文化、社会、经济价值,这是国信集团的情怀与胸襟。

在海天中心七大业态中,除了青岛瑞吉酒店和海天大酒店分别由万豪集团和青岛国信海天大酒店有限公司管理之外,其他六大业态由海天中心统一管理。为了统筹兼顾写字楼、商业、住宅、文旅等多元业态,协调各大业态的管理对象与服务标准,海天中心不仅组建了专业化团队,更采用先进的"大物业"管理理念统筹客户服务与空间资源。

在客户服务层面,"大物业"将住宅、酒店、写字楼、商业、俱乐部等板块联动,打破各业态之间的壁垒,营造国际化社区生活氛围。综合利用各大业态的功能特点与客户群体,创造层次丰富、多元体验的服务内涵,海天中心为不同人群提供个性化、多元化的生活方式,无论是住户、商户还是租户或顾客,都能在此获得细致周到的服务,从而在海天中心形成更具活力、包容性的社区。

右页上图:
海天中心物业团队提供热情、周到、细致的服务
右页下图:
海天中心监控系统

海天中心超5A甲级写字楼正式亮相

　　在空间资源与设施管理层面，"大物业"有助于综合协调共享空间、设施设备与各个业态的需求。以车库管理为例，在满足写字楼VIP客户停车需求的前提下，海天中心合理设定月租车位，灵活布置时租车位，满足不同时段商业客流、会议客流、酒店及观光客流的停车需求，极大提升了停车场的使用率与便利性，将综合体物业的公共服务价值最大化。

　　在"大物业"基础上，为了实现运维工作的科学性与标准化，海天中心引入国际资产运营管理体系标准。国际建筑业主与管理者协会(Building Owners and Managers Association International，简称BOMA)，是国际商业地产最权威的资产运营管理体系和标准，拥有丰富国际案例实践经验、行业基础数据与基准报告，关注商业地产的能源管理、建筑管理、环境管理、培训管理、沟通与营销五个维度。

BOMA 国际会议现场

BOMA 认证分为三大层次,分别是建筑管理卓越认证(COE)、BOMA 国际 360 认证以及被称为"全球商用地产奥斯卡"的 TOBY 奖(The Outstanding Building of The Year)。

海天中心通过搭载 BOMA 平台,借鉴全球地产运维管理标准与最佳实践经验,学习最新业界动态与先进经验,搭建海天中心资产管理平台,健全核心团队的专业能力,逐步取得国际认证,使海天中心的运维管理水平达到并保持国际标准。同时,依托国际知名的行业协会,持续与国际同行保持密切交流,进一步提升海天中心在世界舞台上的知名度。在不久的将来,通过积累不动产运营管理的成功经验,形成具有国信特色的"开发—运营—资产管理—资本化运作"全生命周期资管体系,实现国信资产管理品牌输出的远期目标。

赋能城市
24 小时的城市会客厅

　　2020 年 6 月 20 日，城市总部经济与新旧动能转换发展趋势（青岛）论坛暨海天中心全球发布会成功举办，来自全球政商学界、产业界的专家精英齐聚一堂，见证了"青岛第一高楼"的华丽亮相。这是一场"峰会"级别的市场化活动，现场线上同步放送，引起热烈的社会反响，关注点阅量破亿。跨国公司（山东）区域总部基地、总部招商基地的授牌，标志着海天中心全球招商的全面启动。地标建筑不仅是城市的

海天大酒店贵宾接待室

海天中心 6·20 全球发布会现场

名片,也为城市发展提供了强劲的动力。海天中心将在转变城市经济发展方式、增强城市综合服务功能、提升城市品牌形象方面产生巨大的虹吸效应,充分展示青岛开放、现代、活力、时尚的国际大都市形象。

以此为起点,海天中心把每年 6 月的最后一周设为"海天周",它将成为继青岛啤酒节、青岛海洋节之后,又一场面向全球宾客的城市文旅盛会。2021 年 6 月 20 日,随着"海天周"开业系列活动启幕,海天中心正式以"城市会客厅"的身份向全世界敞开胸怀,开启一段新的征程。

青岛瑞吉酒店让久负盛名的瑞吉管家服务首次进入青岛大众视野,作为百余年来广受赞誉的奢侈品牌,其精髓是量身定制的个性化服务,包含行李打包和拆包服务、衣物熨烫服务、24 小时饮品服务、电子管家服务等。瑞吉管家提供最珍贵的服务——时间。青岛瑞吉酒店的管家均于开业前经过严谨的服务培训,精雕细琢每一处细节,竭诚照料下榻贵宾的起居需求。专属的铱瑞水疗延续始于 1938 年纽约瑞吉酒店铱瑞理疗房的悠久传统,以现代理疗结合独创热贝壳按摩,使宾客于云端体验酒店的减压按摩及护理修复项目。

作为青岛的老品牌，海天大酒店在本土几十年服务经验积累的基础上，进一步提升服务至国际化水准，酒店组建了高品质 VIP 服务团队，依据客户需求量身定制个性化方案，以"高端管家式服务 + 优质产品"的组合，服务新时代往来宾客。此外，酒店配置了青岛主城最大宴会厅，其独有的一线观海会议厅廊为宾客们提供耳目一新的空间体验。

海天超 5A 甲级写字楼打造租户优享计划，定制优管理、助发展、享生活三大板块全方位的商务服务，为用户提供会议洽谈的共享空间，有效降低企业的运营成本，还定期组织推荐沙龙，创造业内管理平台。通过提供开业接待、访客管理等解决方案，使入驻企业享受无忧办公体验。在企业办公发展方面，海天中心提供投融资政策与发展咨询等特色服务，助力开辟绿色通道，同时海天中心与银行建立合作，为企业快速开通帐户，办理对公业务，节约企业的时间成本。在海天中心还可以享受健康、运动、购物、餐饮、亲子等多元优惠权益。海天中心特别设立了商务生命安全保障体系，为入驻企业与员工保驾护航。

左上图：
青岛瑞吉酒店大型招聘会
左下图：
海天大酒店中餐厅
右图：
海天大酒店全日餐后厨

海天大酒店主入口效果图

海天公馆作为海天中心唯一具备居住收藏价值的业态配置，将以高品质的生活空间引领整个城市人居理念的新潮流。海天公馆配备了高效的通信系统，国际标准的智能家居系统和智能安防系统，兼顾品质、效率与环保的水电和冷热等能源系统和先进的建筑减震降噪系统，代表了青岛城市人居发展的全新高度与标准。

海天MALL融合全新商业模式与优质环境资源，缔造全海景高端商业中心，倡导"有机慢活"的消费理念，带来全新的一站式商业体验。

海天中心文旅空间填补了山东省高空观光旅游的空白，将充分发挥艺术中心的文化聚合力和观光厅的带动效应，吸引广大艺术文化爱好者与观光客，成为海岸边一座有温度、有生机、有活力的城市客厅。在促进城市文化旅游和休闲生活升级换代的同时，带动青岛艺术文化消费水平的提升，书写齐鲁大地文化地标、旅游地标的新篇章。

青岛，这颗黄海之畔的璀璨明珠，这座海洋滋养的百年文化名城，从"东方瑞士"到"世界都会"，以独特的魅力跻身世界城市梯队，成为中国的"世界之窗"。海天中心仿佛这座城市中一颗蓬勃跳动的心脏，以丰富的业态布局、先进的运维理念，打造了一座24小时不间断的城市会客厅。

海天的变化记录了青岛三十年的城市发展，从城市记忆到"青岛之巅"，海天中心以城市综合体的形态再次崛起在海天之间，谱写"传承"与"创新"的诗篇。海天中心不仅代表青岛城市建设新高度，更是城市能级提升的新起点。光阴流转，时代变迁，青岛国信·海天中心将持续执着用心，历经时间的考验与生活的浸润，陪伴一座城市迈向未来，迈向下一个辉煌。

第二篇

海天共筑
全球合作荟聚菁英

2009 年启动　　　**2014 年开工**　　　**2021 年落成**

　　海天中心这座总投资 137 亿元，总建筑面积 49.35 万平方米的超大型城市综合体是凝聚集体智慧的精诚之作。来自五洲四海两百余家单位共同协作，在功能策划、造价咨询、交通流线、建筑形态、绿色生态、艺术品味、消防安全、智慧高效、运营管理等各维度出谋划策、倾情奉献。正是在项目开发团队的运筹之下，每一家参建单位齐心协力，十年磨一剑地投入与创造，才成就了海天中心的诞生，在集体智慧的火花碰撞中，熠熠生辉。这其中有老牌企业的成熟与老辣，亦有青年企业的闯劲与活力，更有齐同并进的融合与创新，协力创造行业之最。

　　鲁班品质，匠心使然。四千多个日日夜夜，数千名参加者的奋战坚守，以塔吊、以焊枪、以双手，以无法穷尽的工种与劳动，成就海天中心横空出世。幕墙的晶莹剔透、擦窗机的凌空起吊、电梯的迅捷平稳、绘画的醉墨淋漓……铭记着参建者说不完道不尽的智慧与劳动。

　　谨以此篇，感谢所有的参建单位与参建者。

设计顾问

AA（Archilier Architecture）建筑师事务所
悉地国际设计顾问（深圳）有限公司
LTW Designworks Pte Ltd
凯丽·赫本室内设计工作室
邱德光设计事务所
RWD 黄志达设计师有限公司
卡纳设计
青岛梁智明室内设计有限公司
岳珈建筑室内设计（上海）有限公司
伍兹贝格建筑设计咨询事务所
巴马丹拿集团
SWA Group
Brandston Partnership INC.
WET
琅世唯（上海）贸易有限公司
潜研艺术品顾问有限公司
苏州建筑装饰设计研究院有限公司
青岛城市建筑设计院
青岛市勘察测绘研究院
博津思设计
丹艺苑有限公司
上海康业建筑装饰工程有限公司
上海天厨厨房设计有限公司
Carlisle Design Studio
CCD 香港郑中设计事务所
山东省建筑设计研究院有限公司

AA（Archilier Architecture）建筑师事务所

建筑方案设计

AA（Archilier Architecture）建筑师事务所负责青岛国信海天中心主体设计概念优化、方案设计、建筑及平面初步设计，并对其他专业设计提供指导配合。

2013年初，随着海天中心正式获得立项，项目方案招投标也紧锣密鼓地展开。创作了"海之韵"方案的美国AA建筑师事务所，与悉地国际强有力的多专业配合团队组成了联合体，经历了两轮评审，以简洁优雅的形态，充分回应了业主方对文脉与现代性的要求，从众多方案中脱颖而出。

"海之韵"方案的创作，在体现青岛这座新一线滨海城市面向未来、蓬勃向上的同时，也突出表现了海天酒店的历史文脉及其濒海的地域性特点。

"大浪、小浪、千层浪"——回应青岛地域文化特征，彰显青岛海洋文化，并体现出青岛文化的现代性。海浪被抽象简化成了曲线的外层钢结构弧形柱，观光厅的屋顶形式以及错落有致的玻璃幕墙，形成了"大浪、小浪、千层浪"的垂直景观。强劲有力而曲线优美的弧形外层结构，使得海天中心不同于一般造型冷酷的超高层，充满了现代感。

致敬经典——设计师从原址中提取了"六边形"母题作为平面基本构形，并在各层楼之间对六边形的端点逐层错动、螺旋上升，在垂直方向上划出了一道优美的弧线。方案采用平面上的近似比例，呼应老海天大酒店的平面造型；立面上采用横向的线条，呼应老海天大酒店现代主义经典横向长窗的立面肌理印记。

波光粼粼——波光荡漾，碧波万顷，是幕墙在阳光的折射下形成的立面上诗意的效果。为了实现这一目标，每块玻璃采取了扭转，每一片幕墙都有独特的角度，采用了独特的构造形式，每一片玻璃由独立悬挑的横梁悬挂与支撑，而非常规所见幕墙上下衔接的构造方式。

通透屏障——减小横向尺度，最大限度地留下观景空间。方案将三座塔楼轻盈纤细的一面朝向道路与海滨，避免阻挡城市内部欣赏海景的视野。

城市客厅——地下与城市TOD轨交站点衔接、地面架空的城市通廊、地面街角广场、迎合城市生活复合功能的裙楼及屋顶花园，组成了一座开放与功能多样的城市立体客厅。地下空间作为交通运输工具的换乘节点，迎来送往大量车辆及乘客；地面的架空通廊，为城市与海滨留下良好的视觉通廊与步行交通空间；地面空间留下了充分的城市公共空间，并全面考虑了步行的舒适性；地面裙楼拥有商业中心、宴会厅等复合功能，屋顶花园作为亲海观景的多层次公共活动空间，全面满足青岛市民日常休闲、购物、生活的需求。此外，顶层云上艺术中心、城市观光厅和云端钻石CLUB将是青岛最大的空中会客厅。玻璃穹顶幕墙，将营造出奇幻的海天一色、海中明珠的独特体验场景。

 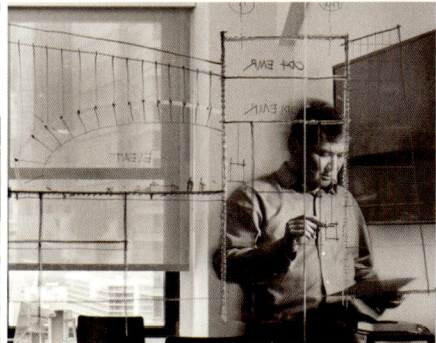 

  Archilier 总部位于美国纽约，在上海设有工作室，作为一个充满活力的建筑设计创作公司，在全球拥有广泛的客户群。Archilier 是一个由 "Archi" 与法语后缀 "lier" 合成自创的字，在法语中，"lier" 的意思是 "连接"，旨在表明将多股协作力量凝聚成一体，最终打造出完美的设计作品，并在设计方法上注重与客户、内部团队和各顾问方之间的沟通协作。Archilier 一直致力于为客户提供优质的城市与度假酒店，住宅与商业，城市综合体与大型小区规划等各种类型项目的建筑设计服务。关注每一个项目的独特性，立足于尊重当地的特色文化、民俗及建筑传统，诠释客户的独到理念，以帮助实现他们各自的独特愿景。

  Archilier 的设计理念是匹配项目特性，不刻意寻求一种特定的风格，每个项目的设计都根据当地特有的地理人文环境和经济技术条件量身打造；注重场所营造，大至公共广场，小到酒店客房，创造令人难忘的空间体验；打造原创经典，根据项目固有的属性，力图捕捉场所的不朽精神和时代赋予的生命力；承载社会责任，在自然环境面临严峻挑战的今天，承诺在每个项目的设计中贯彻绿色环保的理念。

  Archilier 的主创团队是由一群敬业、才华横溢，并具有国际水准设计经验的建筑设计师组成的。这些国际一流的设计师们都曾在全球顶尖的设计公司中工作过。Archilier 推崇优质高效的团队合作，坚定不懈地追求原创精品，竭诚为每个项目提供最佳解决方案。

地址：中国上海市杨浦区国权北路 1688 弄 78 号湾谷科技园区 A4 座 6 楼
电话：021-61803512
传真：021-61803513
邮箱：info@archilier.com

地址：589 8th Ave, 11th Floor, New York, NY 10018 USA
电话：001-212-564-4080
传真：001-212-564-4077

悉地国际设计顾问（深圳）有限公司

重要奖项

1. 2019年度行业优秀勘察设计奖优秀（公共）建筑设计一等奖
2. 第九届广东省建筑设计奖建筑方案奖公建类一等奖
3. 2017年度全国优秀工程勘察设计行业奖优秀建筑工程设计二等奖

建筑设计总承包

悉地国际设计顾问（深圳）有限公司是海天中心项目设计总承包，负责建筑及平面施工图设计、招标图纸、施工配合，以及项目主体结构、暖通、强弱电、给排水等专业概念设计、方案设计、初步设计、施工图设计、招标图纸、施工配合等工作，同时负责各专项设计的协调配合工作。

先进的规划理念

海天中心作为青岛最高的建筑综合体，规划设计考虑与周边城市环境相协调，不对周边的观海视线、行人便捷性造成过大影响。三栋塔楼沿城市主干道排开，高度错落有致，完善了城市的天际线。同时，将塔楼的短边朝向海岸线，尽量加大塔楼之间的距离，以减少对北侧地块建筑物的遮挡，并在T2塔楼和T3塔楼之间留有与北侧道路相对应的人行通道，为市民穿过基地到，达海滨提供便利的条件。

双首层应对复杂业态的流线

海天中心总建筑面积49.35万平方米，容积率达到10.45。对于如何在有限的用地内解决各个业态的客用、货用车行流线及人行流线，并合理安排各个业态的前后场功能用房，是设计中极大的挑战。项目利用北侧香港西路和南侧东海西路之间的高差，形成"双首层"的概念，高效组织各业态的出入口，同时利用不同业态的出入口分设在两个楼层的优势，为各业态提供了更大进深，更合理地安排前后场的功能流线。双首层也为商业提供了更高的潜在经济价值。

参数化设计手段辅助设计实现

三栋塔楼的平面均为六边形，南北两个顶点随着高度的上升左右摆动，在立面上形成了连续的曲线。为了兼顾建筑效果与成本，各楼层的玻璃幕墙均为楼层轮廓沿竖向拉伸后形成的平面单元，再利用楼板的逐层错动形成立面曲线。

T2塔楼锯齿形幕墙的室内空间利用

T2塔楼玻璃幕墙为锯齿型幕墙，楼层之间的竖向分格上下不贯通，形成错位。为了保证锯齿型幕墙下方的楼板可用面积最大化，幕墙方案采用非常规的上下挂点方式。幕墙单元的插接缝位于楼板下方，插接缝上下各有一个挂点，传递水平力和竖向力，在上一层楼板下方有另一个挂点，起稳定作用。此做法可以保证结构楼板延伸至幕墙内表面，最大化地利用了幕墙围合的空间。实现了简洁高效的效果并在国内处于领先地位。

观光层玻璃盒子

T2塔楼在71层西侧设置了三个全玻璃结构的三角形盒子，单个盒子的玻璃地板最大悬挑长度达到2.5米左右。特殊的设计和严格的全尺寸试验，确保了其结构安全。玻璃盒子的设计可以提供朝向老城区的更为宽广的观景视野，更好地诠释了海天中心项目融合历史与未来的理念。同时，踏在透明的玻璃地板上，从300多米的高度俯视城市景观，也为来访者提供了更为难忘的视角和观光体验。

绿色与可持续设计

国信集团具有极强的社会责任感，项目开始之初就确定了非常高的绿色和可持续建设标准，控制建造过程对环境的影响，降低运行过程中的能源消耗，为使用者提供舒适且安全无污染的空间环境。

悉地国际（CCDI）是一家将高品质设计服务与产品思维紧密结合、处于业界领先地位的大型工程设计咨询集团。自 1994 年创立以来，CCDI 探索出具有中国工程设计行业特质的变革之路，实现了国际化的业务扩张，连续多年位居 ENR 全球工程设计百强企业行列，并且两次获得中国国家科学进步一等奖。

CCDI 在体育、商业、办公、医疗、人居、文旅、市政、交通、规划等领域设置了丰富的产品线，凭借前瞻性的技术和市场研发，先后完成了国家游泳中心（水立方）、国家网球中心、杭州奥体博览城主体育场、平安国际金融中心、青岛海天中心、深圳华润中心、中国版画博物馆、上海松江博物馆、四川美术馆、上海迪斯尼明日世界、百度国际大厦、天津邮轮客运中心、重庆北站、哈尔滨西站交通枢纽、苏州城市快速路系统、苏州工业园区市政基础设施等多个世界水准的设计佳作，在各个专业领域赢得了国内外超过 700 座的重要奖项。

CCDI 拥有近 6 000 名不同领域的专业人才，分布于上海、北京、深圳、苏州、青岛、成都等多个区域公司和资质平台，为推动当代城市化进程的科学发展，释放工程专业人才的创造力而不懈努力，同时一如既往地担负起企业的社会责任。

CCDI 集团成员还包括澳大利亚 PTW、青岛腾远等多家知名企业，通过国际化、规模化、一体化、产品化的组织优势，不断为客户提供高性价比的专业服务，致力于成为"工程实践专业服务的引领者"。

地址：中国北京市朝阳区东土城路 12 号怡和阳光大厦
电话：010-84265555a
传真：010-84265500

设计顾问

LTW Designworks Pte Ltd

青岛瑞吉酒店设计

LTW Designworks Pte Ltd 负责青岛国信海天中心项目中的青岛瑞吉酒店室内设计,包括概念设计、方案设计、招标图设计及施工配合等工作。

在设计之初,设计团队经过了多个方向的考量,也在青岛做了人文考察,最终确定了室内设计的概念风格。设计风格源自于瑞吉品牌创始人约翰·雅各布·阿斯特四世(John Jacob Astor IV)的母亲卡罗琳·阿斯特夫人(Mrs Caroline Astor)对上流社会奢华辉煌的追求,同时结合了"碧海蓝天"的帆船之都——青岛的高雅色调。湛蓝的海与天所勾勒出的若隐若现的天际线,正是青岛瑞吉酒店客房窗外的优美景色。设计风格既保留了传统贵族的奢华品质,又贴合当代年轻人的现代都市生活方式。

到达大堂

结合青岛德式建筑元素,以现代设计手法体现瑞吉酒店的奢华风格。如拱门造型电梯轿厢的入口,便是结合了青岛德式建筑元素。入口处的水晶吊灯为空间增添生气,以无与伦比的热情招待宾客。

空中大堂

青岛的海岸线绵长而秀直,金色的沙滩缱继相连。74米高的中庭艺术墙以青岛退潮后的沙滩为灵感创作,镶嵌的母贝壳象征波光粼粼的海面。豪华楼梯是瑞吉酒店的标志性元素之一,湛蓝的色调带来海洋的清新感,精致的雕花工艺玻璃楼梯扶手,在平静、有质感的艺术墙的衬托下,彰显尊贵。

Astor 宴会厅

深松绿与香槟金的搭配增加了富丽堂皇的色彩。整个空间充满了华贵气息和多种订制的细节,如,门把手和水晶吊灯受到镀金时代"四百人"宴会的传奇故事启发,宾客可以在此再次重温当年盛大的奢华晚宴。色调的灵感则来自于阿斯特夫人挚爱的珍珠,以及祖母绿和蓝宝石制成的祖传珠宝,为室内设计细节增添了柔和感。

特色餐厅与瑞吉酒吧

室内设计用现代语言解读经典纽约牛扒房风格,浓烈而精致。深色木饰墙面及酒红色皮革的使用,与特色木炭烤炉共同营造了惬意而低调奢华的空间感觉,搭配色彩浓厚的抽象主题的现代风格艺术画作,传统经典再一次与现代抽象完美结合,互为依托。室内设计塑造了清新随意却又不失格调的奢华美食体验,用餐氛围温暖惬意。

宴庭中餐厅

设计师在中餐厅的室内设计中,采用了中西结合的设计风格。通过前厅的茶歇区进入正式用餐区,映入眼帘的便是海天相连的迷人景色,给客人以舒适、放松的用餐环境。家具选择以现代中式风格为主,而简洁的欧式线条木饰墙面衬托了家具的精致和细腻。色调则在米色基调中加入了淡雅的绿色作为点缀。灯具采用了复古的欧式造型,雕刻花纹细节的设计,体现了精致的柔美。

总统套房

青岛瑞吉酒店的总统套房位于酒店客房层的最高层——68层,是一个拥有全海景的总统套房。环形玻璃幕墙使每个空间都宽敞明亮,俯瞰第三海水浴场,延绵浪漫的沙滩、波光粼粼的海面,令宾客心旷神怡。客房设计上,增添了一些特殊材料的使用,如,稻草镶嵌工艺制作的装饰推拉门形成了一幅大型壁画,将电视机隐藏于内。

重要奖项

1.2020 Andrew Martin
2.2020 AHEAD Asia Awards
3.2019 Hotel Design-Asia Pacific

    LTW Designworks 由创始人兼首席合伙人林丰年（H.L. Lim）先生及合伙人张菽珆（Su Seam Teo）女士领导。在过去 40 年中，已成为奢华品牌酒店设计领域杰出的室内设计公司之一。

    LTW Designworks 多年来通过不断探索，创造出真实而又永恒的"设计之旅"。结合其在国际奢华酒店设计领域的丰富经验，对奢华品牌运营标准的深入了解，对文化和历史的尊重，对细节的敏锐，对艺术和手工艺的传承，以及对于创新的执着和承诺、深入研读和思考，一次次展现出灵魂饱满而又设计独特的项目。LTW Designworks 坚持"为每个酒店定制设计"，并切实展现于已完成的 120 多家酒店项目中，包含四季、丽思卡尔顿、瑞吉、柏悦、文华东方、康莱德、洲际、香格里拉、泰姬陵、欧贝罗伊等，以及精品酒店和一些独特品牌。

    LTW Designworks 在新加坡、米兰、北京及上海都设有办公室。LTW Designworks 将空间转化为启发宾客与"地方感"共鸣的独特体验。LTW Designworks 既是东方的，亦是西方的，创造出"源于项目当地的地理和文化"这一行业领先的设计概念，也一直拥有一对环游世界的"翅膀"！

地址：114 Lavender Street #05-62, CT Hub 2, Singapore
电话：+65 62272872
邮箱：rob@ltwdesignworks.com
网址：www.ltwdesignworks.com

设计顾问

凯丽·赫本室内设计工作室

海天公馆室内设计

凯丽·赫本室内设计工作室负责海天公馆部分室内设计，包括概念设计、方案设计、招标图设计及施工配合等工作。

海天公馆的室内设计，其独特之处在于丰富与多样的材料搭配方式，并以此贯穿在空间中的每一处，比如，大理石与木板贴面所形成的美妙纹理质感，这一切与来自世界各地的精美家具相得益彰。从坐垫上的繁复细节到倾泻而下的绚烂灯光，每一处都经过深思熟虑。希望每一个体验这个空间的人都可以感受到爱与触动。

进入海天中心，首先映入眼帘的是设计师为该项目量身设计的接待台，它采用了来自意大利的大理石并结合抛光的青铜板，这两种材料一起，和谐地创造出大胆且现代的"惊艳"元素。抵达感和目的感是人们对这样一个空间的期望，也是住户最终希望的。

接待台的后方设计了有着独特质感的白色曲面墙壁，通过嵌入白墙的木板条的装点，以及凯丽·赫本标志性的中性大地配色，加强了大尺度生活空间内所必要的对比和深度。

接待台上方，设计师打造了一组华丽的灯光艺术装置。充分利用整体空间的高度，让这些优雅的灯具仿若从上方倾泻而下，以增加空间的柔和感，同时又不失冲击力。

对于任何设计，纹理和色彩的叠加有助于提升设计，在青岛海天中心亦是如此。设计师认为，以一个中性的配色为基础，可以不断地做加法，可以尽情演绎丰富迷人而奢华的生活精髓。

有时候，高度会让人感到畏惧，或者说冰冷且无生气。但是设计师觉得这是一个令人激动的挑战，设计师试图把温馨的家庭感带入设计，这也是为什么设计平衡对整体空间如此重要。

精致的细节处理是关键。设计师必须与高度感周旋，但同时不能丢掉它本身的恢弘感。这一设计中，在墙面上增加具有现代感的灰褐色镶板，但不通高，而是在上部保留白色，从而与天花板贯连起来，从而维持高度感，但又不会让人感到冰冷和疏离。

然后，在全高处放置了精美的置物架，使用了有着闪亮饰面的木板材，又通过添加青铜和大理石细节来散发优雅气息。这个细节，可以用于放置来自于世界各地的瑰丽艺术品收藏，以此讲述一个关于旅行与奢华的故事，将入住公寓里的人们彼此联系起来。

出了电梯，住户就踏入了自己的世界——你的家。一切都和入口空间一样被精心设计过。希望这些公寓可以成为东西方美学融合的精髓。

这两套公寓的设计都是为了让居住者可以在其中构筑自己的生活。设计师采用钟爱的木条和大理石打造了空间入口，创造一个进入你的空间的入口。地板上镶嵌的大理石与金属引导着住户穿行，也拉长了空间，使其感觉更开阔也更轻盈。

公寓内采用了分区的理念，在面积更大的那间公寓中更为凸显。一个梦幻般的现代壁炉将空间分隔成了客厅和餐厅，但同时二者感觉上仍是一个整体。木材板条包覆着镶嵌有电视的壁炉墙，延伸至天花板，给予高度和温暖。家具的选择与摆放则旨在促进围坐在炉火旁的社交对话，创造美好的回忆和瞬间。

重要奖项

1.2020 年 CBE 称号

  凯丽·赫本（以下简称"凯丽"）拥有超过 40 年的设计行业经验，是知名的室内设计师之一，作品遍布世界各地。工作室目前的核心业务领域涵盖酒店、酒吧、餐厅、办公室和高楼大厦等商业项目。凯丽融合东西方美学的设计风格享誉全球，并不断创造出更多让人耳目一新的作品。设计既采用了东方干净利落的线条和中性色调，也体现了西方温馨迷人的格调和奢华美丽，形成了其独特的"中西荟萃"标志性设计风格，营造出优雅而充满戏剧性的完美室内空间。

  凯丽作为一名成功的女商人，经常为国际客户提供英国房地产投资方面的咨询服务。凯丽是英国政府 GREAT 活动的骄傲大使，并在 2020 年 10 月因其在全球范围内促进英国创造力、商业和贸易的工作而被授予 CBE 称号。她热衷于指导和帮助年轻人，并热心支持 The Princes's Trust 和反欺凌慈善机构 The Diana Awards。

  凯丽拥有优秀的室内设计团队，能高质量完成从图纸、结构，到家具、装置和设备等一系列室内设计流程。对于每个室内设计项目，从开始的那一刻起，团队就关注整个过程中的所有细节，就落地实施积极地与客户进行沟通确认，并与他们一同创造更加棒的作品。

  凯丽的团队非常享受全身心投入项目的过程与最终成果。从业 41 年以来，陆续创造了非常多令人惊喜的作品，涉猎室内设计的任何领域，包括房地产公寓、商业房地产、5 星级酒店、办公空间、游艇、度假屋、私人飞机等，每一个项目都独一无二，完全根据客户的需求定制设计。

地址：Unit 5, 3 Vencourt Place, London W6 9NU, United Kingdom
电话：+44 (0) 2074713350
邮箱：info@kellyhoppen.co.uk

设计顾问

邱德光设计事务所

海天公馆室内设计

邱德光设计事务所负责海天公馆部分室内设计,包括概念设计、方案设计、招标图设计及施工配合等工作。

城市与建筑,是邱德光设计思考的起点。红瓦绿树,碧海蓝天,这是青岛予人最深刻的印象。海和天是青岛的灵魂所在。抛开老建筑不提,青岛的很多大型现代建筑都偏爱以水为灵感,波浪、水波纹、浪花……形形色色的建筑将同一个灵魂演绎出不同的旋律,好像整个城市下一刻就会融汇到大海里,和它水乳交融。青岛海天中心位于城市核心地带,却能东向取海景,西向取天色,将"最青岛"的景观都纳入自己的领地里,就像是青岛交予外界的城市名片。

在天际线的竞赛中,高度是一种态度。海天中心不止要做青岛第一,更有比肩国际的雄心与全球化的眼界。它的前身"海天大酒店"诞生之时便以先锋者、时尚领导者的姿态成为了无数青岛人的美好记忆,是青岛人心中奢华、尊贵的代名词。脱胎于海天大酒店,青岛海天中心势必要承袭时代领导者的基因,再造青岛的高度。建筑在造型设计阶段就对群体记忆和自然景色做了很好的呼应:以原有海天大酒店的经典六边形为母题,逐层旋转似海浪凌空,制高点以浪尖收尾。所以,设计团队希望用室内设计来呼应城市、定位、环境,塑造一种矗立时代前沿的生活审美。

风格是表层,邱德光设计惯于"从定位看设计"。在平面布置上,一定要看到海,空间一定要开放、透明,这样才能和自然对话,和海、天对话。设计利用建筑的特点,把扇形景观面最大化,从而可以看到更大的世界。运用海浪的曲线美,将建筑融入室内,室内融入艺术,缔造有腔调的大都会顶级豪宅。

一切设计手法皆由定位决定。每个城市的制高点似乎都为金融而生:纽约曼哈顿的帝国大厦、阿联酋迪拜的迪拜塔、上海的上海中心大厦……青岛作为逐步崛起的金融中心,海天中心势必服务金融新贵的审美。他们对财富的认知成熟而自觉,知晓如何尽兴享受财富。奥斯卡·王尔德曾说,"当银行家共进晚餐时,他们谈论艺术;当艺术家共进晚餐时,他们谈论金钱。"电影《华尔街之狼》中 Jordan Belfort 的家里,艺术是空间最耀眼璀璨的焦点。一切皆因金融新贵矗立于所有行业之上,能以最宏观的眼光格局审视世界。理性思维,感性生活,艺术化的空间才是彰显财富与品味的至高选择。于是,设计运用了艺术化的造型手法处理空间材质——艺术石材、艺术玻璃,配合艺术品塑造空间的肌骨。艺术的独一无二性塑造出最终极的奢侈,以时间中的独一性雕琢生活的极致。

重要奖项

1. 2020 年 CBE 称号
2. 2020 A'Design Award- 全球金奖
3. 2019 A'Design Award- 全球金奖
4. 2018 Architecture master prize 美国建筑大师奖

邱德光设计事务所由"新装饰主义大师"邱德光创办，是一家在亚洲甚至国际范围具有影响力的室内设计事务所。目前，公司在台北、北京、上海三地设有办公室，以严格的理性架构领导室内空间的功能与动线，以创造性的美感主导室内空间的美学时尚。

创办至今，邱德光设计的风格几经蝶变，顺势而造，不断对自身设计价值进行重估与更新，凝练出"时代风格"的设计方向，持续创新。此外，原创家具品牌"德光居"进一步拓展设计版图，以家具产品入局设计，从更多切面完善对生活设计的研究，更显示出邱德光设计从单品至空间设计的整体把控力。

地址：中国北京市东城区富华大厦 D 座 16 层 B-C 室；
　　　中国台湾台北市内湖区州子街 76 号 8 楼；
　　　中国上海市闵行区顾戴路 2988 号 A 座 8B
电话：010-85714166-813（北京）；021-33582357（上海）
邮箱：heydenny@163.com；shanghai@tkchudesign.com；susanna@tkchudesign.com

设计顾问

RWD 黄志达设计师有限公司

海天公馆室内设计

RWD 黄志达设计师有限公司（简称"RWD"）负责海天公馆部分室内设计，包括概念设计、方案设计、招标图设计及施工配合等工作。

设计需要了解居住者的需求和生活状态，同时结合青岛的文化与地理环境，创造出极致的生活品质。海天中心的设计以"海浪"为核心概念，波浪、涟漪、水花等元素，缓缓地从客厅、主卧空间蔓延开去。

针对客户的生活习惯，设计团队对区域进行合理规划，优化面积、功能和区间的比例。在276.3平方米的空间内，淡化各空间的界线，减少空间隔断，开启人和环境、建筑与景观的对话，使空间的呈现更加完整。设计将空间的尺度感、材料的质感与设计的艺术感合而为一——客餐厅拥有270°无敌海景，大面积落地玻璃窗将光线和海景最大化地引入室内；灵动的水晶吊灯和摆件也都体现了海洋文化和对大自然的向往。

主卧以水波涟漪为主，在艺术品装置上运用大量弧形结构，体现空间的柔美；通过艺术化的饰品，诠释青岛的历史文化。设计考虑了住客的心理、情感、生理状态，对空间进行不同尺度的分割。次卧空间的灵感源于水花，配合室内的光，形成流动感。附属空间均使用简洁的大理石，使整体更加清爽干净。

RWD 一直坚持以标准化体系构建空间，并以此设计出具有温度的人居空间。"以人为本"的住宅形式，更多是通过人性化细节的处理，满足居住者的身心需求，呈现出具有人文关怀的舒适住所。

在调查了青岛的气候和居民生活习惯之后，设计针对南北方差异对衣帽间收纳区域进行相应调整。并根据中、西厨区域不同的使用步骤和习惯，规划了良好的动线；推拉式嵌门、垃圾桶、升降拉篮手等细节处理让下厨变得更轻松。卫生间考虑到人口结构，在主卫设置两个洗手台盆；卫生间内每一处圆角设计都保障了家人安全。家政收纳空间保证家务劳动顺畅进行，洗衣、干衣、烫衣一步完成，还能妥善收纳洗涤用品和洁具。

疫情的爆发也让 RWD 更注重健康生活的重要性。卫生间干湿分离，台面和抽屉的精细化收纳让空间保持整洁。卫浴品牌选用了研发技术领先的日本 TOTO 和德国唯宝。德国摩根的智能面板可以自动调节温度和湿度，使室内的整体环境更为舒适，体验感更好，越是细节之处，越要用心考究。

重要奖项

1.2020 英国 IPA 国际房地产大奖亚太赛区中国私人住宅室内设计最佳大奖
2.2020 德国国家设计奖最佳建筑室内设计优胜奖
3.2019 意大利 A' 设计大奖室内空间与展览设计银奖

  RWD 黄志达设计师有限公司由著名建筑、室内及产品设计师黄志达先生于 1996 年创立，公司经过多年的发展已闻名业界，并拥有近二百人的资深设计团队。立足香港，且在北京、上海及深圳设有分公司，RWD 专注为国内外高端客户提供高素质的设计服务。

  RWD 以室内设计为核心，并延伸至环境规划、建筑设计等领域，也为客户提供市场定位策划、设计采购与项目管理 (EPCM) 陈设艺术等全面服务，务求以精益求精的设计，让人的生活与环境空间有更好的融合。

  公司涉足领域包括地产、高端定制、商业、办公、酒店、文旅、医养，并屡获 Gold Key Award、German Design Award、A'Design Award & Competition、The International Design & Architecture Awards、APIDA 亚太室内设计大奖、中国地产设计大奖等国内外奖项。公司屡次荣登美国室内设计杂志 *Interior Design* "全球百大室内设计师事务所"、《安邸 AD》中国 100 位中国最具影响力国际设计精英榜，并获得 HKMVC 香港最具价值影响力企业奖、CIDA 中国十强室内设计机构等殊荣。

地址：中国香港新界沙田安群街 3 号京瑞广场 1 期 11 楼 B-D 室
电话：+852-27789029
邮箱：RWD-HK@rwd.hk

地址：中国广东省深圳市南山区华侨城锦绣北街 2 号 201 栋 3 楼
电话：0755-82945411
邮箱：RWD-SZ@rwd.hk

设计顾问

卡纳设计

海天公馆室内设计

卡纳设计负责海天公馆部分室内设计，包括概念设计、方案设计、招标图设计及施工配合等工作。

海天公馆拥有超广的观景视角，可将海滨胜景一览无余。卡纳设计考量建筑原有结构，希望室内、建筑与景观具有连贯性，因此借助大面积景观优势打造"姿态优雅的景观豪宅"，并以此作为设计切入点进一步延伸海天的品牌文化。山川与湖海是自然最伟大的造物，它们均带有浑然天成的有机弧线。卡纳设计以自然景观为灵感，从中提炼线条与气魄，为空间造就刚与柔并济的轮廓，同时也与波浪造型的建筑外立面形成呼应。从玄关开始，如海浪般激荡的线条结合舒展有致的灯带，预示了整个项目的基调。在2.4米的层高限制下，客餐厅采取尺寸、形态不规则的圈顶打造层次，白色圈顶的层叠形式彰显纵深感，让层高得到最大化体现，使整个客餐厅区域包括西厨、餐区、酒吧具有大气而流畅的连贯性。鱼肚白大理石有水墨画般的自然肌理，是呈现山水之境的最佳石材，它的应用为空间注入强势的奢华气质，从玄关处开始进而向客餐厅的背景墙、酒吧台延伸。深棕色尤加利木料穿插在大理石之间，构成温度上的过渡，在刚与柔之间让空间质感达到微妙平衡。软装以颇为现代的手法铺陈，石与木已为空间奠定高级的灰色调，沙发、地毯、餐椅则以此为基点形成色彩统一的整体性，再在局部添置来自自然的绿色织物作为点缀。整个项目除了将山、水元素作为灵感，还将游艇内饰的线条注入三间卧房，主卧更是以皮雕工艺将海浪的形态抽象化展现于背景墙之上，深邃的质感与雅致灰色形成极强的张力，让居住氛围充满低调奢华的气质。三间卧房中有两间为套房的形式，将空间利用率发挥到极致。

项目在美学层面以外，也极为周到地考虑了智能化生活的重要性。玄关、走廊、衣帽间等区域使用红外感应控制，模拟豪车内部的氛围灯，为居住带来高效的便捷性。智能面板、手机、平板电脑等可以对室内空调、地暖进行能源精细化调控，无论身在何处都可以掌控家中的状况。空间做了储物间，并按功能规划收纳区域，让物品拥有更科学合理的放置方式，而非仅仅是藏起来。玄关处设计了集浴室与化妆间为一体的空间，面向整个公共区开放，为家人与朋友提供便捷。同时为了兑现精致生活的每处细节，设计中采用了瑞族、劳斯、西曼帝克等家装品牌，让空间俨然成为一件经得起时间考验的"可居住艺术品"，在城市中为居住者的心灵创造一个休憩之所。

重要奖项

1.2020 REARD 全球地产设计大奖银奖
2.2020 International Property Awards 亚太区优胜奖
3.2019 A'design award 室内设计与展览空间设计类银奖

　　卡纳设计于 1999 年在台北创立，2006 年，将亚洲区总部设在上海。在新加坡、台中、新竹等地设有分公司。版图不断扩大，卡纳设计不断将在地文化和国际趋势糅合。

　　卡纳设计是一家涵盖室内软装、装饰艺术、建筑美学、工业设计等业务的国际综合类建筑集团，也是诸多世界顶级家具品牌的代理商。超过百人的卡纳设计先锋设计团队，致力于"打破风格的限制，探索文化的边界，寻找人与空间灵性上的契合"。

　　近 20 年来，卡纳设计在地产开发商项目（样板房、售楼处）、酒店、商业空间、办公空间、别墅豪宅，以及家具制作等多个领域深耕，积累了丰富的品牌合作经验，为客户提供完善的商业发展解决方案和生活方式服务方案，获得业界广泛认可。

　　遵循全球化的流动视野和对空间的不断探索，目前，卡纳设计已与众多国内外专业地产公司和酒店集团合作，完成大批精品化人居空间、酒店空间、办公空间、文创产业空间等建筑和室内空间设计作品，脚步遍布全球。其成功案例包括——奢华酒店经典之作上海璞丽酒店，在中国广受欢迎的建筑——所见西溪度假酒店，开创新中式风格新境界的万科公望，融创归心气质的标杆之作侯潮府……

　　卡纳设计屡获国内外知名设计大奖，包括 International Property Award、第 91 届德国 iF DESIGN AWARD、意大利 A'DESIGN AWARD、有 60 多年历史的德国 GERMAN DESIGN AWARD、专业级设计赛事亚太区室内设计大赛 APIDA、北美著名设计大奖 GRANDSPRIX DU DESIGN、被《泰晤士报》称为室内设计界"奥斯卡奖"的 APDC、金外滩奖、CREDAWARD 地产设计大奖、READ 星设计、IDEA-TOPS 等，还曾荣膺"博雅中国品牌 100 强"称号，被建筑和设计界主流媒体广泛关注和报道。

地址：中国上海市长宁区万航渡路 2453 号 D 座 1 楼
电话：021-52372751
邮箱：cacdesigngroup@cacdg.com
网址：www.cacdg.com

设计顾问

青岛梁智明室内设计有限公司

海天公馆室内设计

青岛梁智明室内设计有限公司负责了海天公馆部分室内设计，包括概念设计、方案设计、招标图设计及施工配合等工作。

随着国家快速发展，单纯的物质生活已经无法满足人们的需求，人们开始追求更多元化的精神追求。"让生活注入时代精神，定义城市高端住宅的新标准"是本次设计的核心思想。

设计过程中，梁智明团队与业主进行了多次轮研讨，推翻原"巴赫G弦上的咏叹调"设计主题，将新主题定为"沉浸在城市未来的光年之旅"。为实现新的设计畅想，设计团队研发了新的工艺和前沿的制作材料，最终以施工图和材料展板的形式呈现。

设计通过前卫的场景、简洁的线条、流畅的结构、变幻的光影和丰富的界面把人带入对未来生活的憧憬中。设计以柔和的曲线和无敌海景作为空间边界，以极具形式感的空间限定来强化第一重体验的仪式感。电梯入口如宇航飞船舱门一般的层级造型，实现空间节奏叙事上的欲扬先抑。墙面、吊顶、地面的造型线条与光追逐嬉戏，让参观者对下一个空间产生强烈的期待，艺术与科技的融合，完美展现了品牌价值，同时也是富有象征性的艺术品。

白色的主调与前序空间形成对比，线条如顺势的流水，引人至每一处空间。沙盘展示与上空灯饰呼应，如水般消融在顶部造型之中，是城市和品牌文化的传承与积淀，也是一切可能性交汇的起点，青岛国信海天中心就坐落在这样的海天之中，也站在城市最新的起点。

沙龙夜宴的设定作为销售工作的重中之重，以品牌未来的生活畅想为演艺模板，内部场景营造搭配窗外城市灯火带来变幻万千的视觉盛宴。

重要奖项

1.2019 ICONIC AWARDS: INNOVATIVE ARCHITECTURE
2.2019 年度国际项目最佳建筑师奖
3.2016 中国地产设计大奖 最佳混合功能开发奖

青岛梁智明室内设计有限公司是一家国内知名的室内设计公司，由著名建筑、陈设、室内设计师梁智明先生于1990年创立，为国内外房地产开发商、高端酒店、商业投资及地产、豪宅别墅、文旅、康养、公共空间等提供概念方案、城区规划设计、建筑工程设计、景观园林设计、室内设计以及设计监理、工程咨询、商业咨询等领域的专业服务。同时，为客户提供品牌命名、企业形象VI设计、VI导入等全方位品牌识别解决方案。公司拥有经验丰富的设计团队，致力于为国内及国际高端客户提供高素质的专业服务。历经三十年的发展，公司立足香港，并在深圳、青岛、烟台、成都等地开设分公司，业务遍及全国乃至国际。梁智明先生亦是香港室内设计协会荣誉顾问，是国内将设计与商业运营结合较为成功的设计师之一，是风靡香江两岸的设计风云人物。

公司创办至今，先后与诸多知名房地产开发商、国内知名企业、商业投资方等建立了良好的合作关系，项目类型包括地产类：样板房、售楼处、会所等；私人住宅类：公寓、别墅等；商业类：餐厅、酒店、商场、娱乐场所，以及写字楼等商业项目。通过完善的设计品质，与多家国内优秀的设计机构合作，以及整合国内外先进技术和设计理念，以保证每一个项目高质高效的推进和落地。

地址：中国山东省青岛市崂山区株洲路20号海信创智谷B座1803
电话：0532-88890282
邮箱：lzm-hk@163.com

设计顾问

岳珈建筑室内设计（上海）有限公司

海天公馆室内设计

岳珈建筑室内设计（上海）有限公司承担了海天公馆部分室内设计，包括概念设计、方案设计、招标图设计及施工配合等工作。

"东临'海天'，以观沧海"。青岛将会是融合的中心，重塑海面倒影中传统青岛与现代青岛的结合。地理位置的优越结合非快速的生活节奏，设计希望能打造一个舒适精致乃至轻奢的空间。

苏东坡常说："作文正如行云流水，初无定质；但常行于所当行；常止于所不可不止。"行云流水是厚积薄发的一气呵成，是恢宏大气的和谐统一。在室内空间里，可以将它理解为一种建筑性语言：大幅度的曲线，建筑化的感官和整体意境的表现。短暂如同早晨迷雾中渐渐升起的太阳，稍纵即逝却又仿佛瞥见了已知与未然。

站在云端之上，立于城市之巅。面朝大海，春暖花开。如果将生活喻为海洋，那么，每个人都是一艘船，时时刻刻行进在辽阔无垠的汪洋中。青岛海天中心样板间设计，以蔚蓝的海为底色，人们从一个渡口出发，驶向下个渡口，周而复始地起航、停泊。从而寻找到家的港湾。本次的设计风格简洁、色彩明快，从城市角度切入，通过城市的整体风格挖掘室内的必要元素。希望通过本设计去关注城市内容和室内空间之间的关系，以人站在云端的思考为灵感，尊重城市历史和城市潮流，塑造一个简明的模块与线性细节相结合的精致空间。在这个空间里，设计强调极致的现代感，加入对比强烈的色彩表达张力，加入高级的金属元素，配以独特色彩及造型的灯饰，营造一个富有活力和张力空间氛围。一种真正关注城市内涵的设计美学，将继续探索人类生活的诸多可能。

岳珈建筑室内设计（上海）有限公司（简称"岳珈设计"）是由拥有近二十年酒店设计经验的资深级设计师 Mabel Ding 创立的。岳珈设计以室内设计为主体，结合景观、艺术品、标识、灯光、家具等专项设计，是一家综合性的专业室内设计公司。

岳珈设计专业为国际顶级品牌酒店、度假酒店、餐厅、会所、办公、高端商场及住宅提供室内设计服务。凭借成熟的设计管控和专业的设计服务，获得万豪、希尔顿、洲际、温德姆、香格里拉、费尔蒙等国际型酒店管理公司的一致认可。

同时，岳珈设计开拓了售楼处及样板间的设计领域，并将酒店设计理念融入其中。提升售楼处及样板间的品牌理念。给售楼处及样板间空间设计带去了全新的设计理念，与国际化的时尚元素接轨，充满未来感，前沿感。

地址：中国上海市虹口区四川北路88号星荟中心1座1105室
电话：021-56038558

设计顾问

伍兹贝格建筑设计咨询事务所

海天 MALL 室内设计

伍兹贝格建筑设计咨询事务所负责商业部分方案设计,以及招标图设计完成过程中涉及的商业室内建筑平面优化设计、交通流线优化、精装硬装、软装设计等的技术顾问咨询服务。从概念设计、方案设计、扩初设计,直至现场施工配合,历经共三年多时间。

海天中心位于奥帆中心商圈,周边已有比较成熟的商业配套,伍兹贝格团队旨在将海天中心打造成为一站式综合体验业态商场。

精准定位目标客群,创造全天候商业体验——该项目主要目标客群为年轻世代,平日以白领客群为主,周末以家庭客群为主。设计团队同时照顾到两种购物模式和购物习惯,致力打造全天候的商业体验。通过室内平面调整,提升所有店面空间的可达性,实现商业价值最大化。

设计理念以三大方面为主导,第一:以"人与空间"提供独特的购物体验,配合周边发展以实现室内外空间一体化;第二:着重"人与人"联结的休闲空间打造,打造商业目的地之外,还延伸为社区的第三空间;第三:以全新的购物模式打造"人与功能"的全新体验,整体理念以探索为主,拉近商店与访客之间的距离,形成互相依赖、互相参与、互相作用的刺激人流的多变体验。

优化人流动线,打造焦点跨层空间,激活商业氛围——该项目最大的挑战为平面空间不大,只有一个主中庭,跨越由负二层到四层的六层空间。所以平面规划以整体带动人流为主要目的,同时增强整体商业空间的体验,把公共走道与店面界线模糊化。整体商业空间以建筑手法打造焦点,以环环相扣的内外框架形成特色并丰富整体商业空间的氛围。

主要设计重点包括,第一:引入混合式自动扶梯组,有效带动人流到每层不同的位置;第二:加入特色功能空间,提供信息、展览、休闲空间,强化商业氛围,避免过大单一店铺面积,减轻商管及营运的压力;第三:优化公共走道空间规划,打开原本比较隐秘的电梯大堂,增强视线连接,方便访客到达;第四:以建筑设计手法打破中庭周边柱阵的框架,打造整个商业的焦点空间,同时提供功能口袋及周边租户灵活的外摆空间;最后:在项目南区加入商业体验轴,把人流带到南区及西边空中走道连桥,连接办公塔楼。

体验轴为标志性的跨层体验空间,融合服务台、资讯站、媒体站、休闲区等多种功能。中庭特色穿行店及体验轴的选材以彩色玻璃为主,营造空间趣味性,吸引目光往上,展现商场特色。整体中庭格调以对比色调为主,打造层次分明、个性鲜明、简约现代的设计风格。

体验轴的形态为实体与虚拟的结合,以半透明材料为主,引入虚拟试衣间、手机结账等功能,打造一站式电子购物。主入口利用不同材质的对比,结合灯光塑造出富有层次的造型,以其独特性突出入口位置,天花线条图案同时能引导人流。商场地饰面设计以导向功能为主,暖色系人造石组合并拼搭现代简约的线条设计图案,为访客带来轻松舒适的感觉。

重要奖项

1. 2020 MIPIM Asia 亚太房地产领袖峰会大奖 "最佳城市更新项目" 铜奖
2. 2020 澳大利亚建筑师协会大奖南澳大利亚州建筑奖公共建筑
3. 2020 阿德莱德城市建筑大奖

伍兹贝格（Woods Bagot）创立于澳大利亚，是一家拥有 150 年历史的全球设计咨询公司，目前在中国、东南亚、澳大利亚、北美、欧洲，以及中东六大区域设有 17 间工作室，团队由超过 850 名跨专业专家构成，专注建筑、室内及总体规划。

基于"全球一体化"的运营模式，伍兹贝格通过跨区域的协同工作，结合先进的大数据分析工具 SUPERSPACE 以及 ERA 品牌咨询策略，在城市规划与设计、交通设施、商业及综合体设计、办公建筑及室内、超高层建筑、医疗教育、住宅酒店等领域提供广泛的设计服务。迄今，已在中国及世界各地完成众多设计作品并屡获知名国际设计及地产大奖，多年入选英国建筑杂志 *BuildingDesign* 发布的 WA 100 强榜单前十。

伍兹贝格的跨领域专家设计团队能够为每一个项目提供多元化的设计考量。通过与众多世界一流客户在建筑设计、室内设计、总体规划、品牌设计咨询等方面展开不同尺度的合作，将客户在项目功能性、商业运营和文化背景等方面的需求融入持续深入的研究和实践，为业主和终端客户打造最优的解决方案，推动社区和城市的可持续发展，创造宜人的城市环境。

事务所一贯坚持以人为本的设计，致力打造人文建筑。把体验放在设计过程的首要位置，打造面向未来、充分互动的建筑空间，深入贴合人们对空间的实际需求与使用习惯。目前在香港、北京、上海、深圳四大城市拥有 300 多名设计专家，迄今为止在大中华区有超过 100 多个建成及在建项目。

地址：中国香港中环云咸街 60 号中央广场 22 楼
电话：+852-2526 6308
地址：中国北京市朝阳区三里屯太古里北区 15 号楼 5 层
电话：010-64198555
地址：中国上海市黄浦区西藏中路 336 号，336 广场，9 楼
电话：021-60231968
地址：中国广东省深圳市南山区海德一道 88 号中洲控股金融中心 A 座 7 楼 781 室
邮箱：contact@woodsbagot.com
网址：https://www.woodsbagot.com

设计顾问

巴马丹拿集团

重要奖项

1. 2019 HKIUD Urban Design Awards-Merit Award 香港城市设计学会荣誉设计奖
2. 2015 亚太房地产领袖高峰会 MIPIM Asia 最佳综合体金奖
3. 2016 中国地产设计大奖 - 金奖

超 5A 甲级写字楼室内设计

巴马丹拿集团参与了 T2 塔楼超 5A 甲级写字楼办公等区域室内设计咨询顾问服务，包括概念设计、方案设计、招标图设计及施工配合等工作。设计师把 T2 整栋塔楼从下到上视作"时间胶囊"，设计风格从过去，经历当代，再到达未来逐级演变，以期传达"致青岛，致海潮，致未来"的设计情怀。

"过去"时光穿梭

B1 层是观光入口层，用动感的手法演绎和延续青岛本土的传统材料及风格。空间有两大亮点，一是贯穿整个入口大堂的金属特色吊顶（灯具），让人联想起青岛历史建筑中出现的瓦片；二是位于中央部位的"发光盒子"（礼品商店），利用镂空的发光金属墙体演绎青岛传统建筑中的红砖墙。这两个设计重点，都表达了对青岛历史与传统的回应。B1 层还穿插大量视频影音设备，给体验者带来即将穿越时空的感觉。

从 B1 层搭乘高速直达电梯，轿厢四周环绕的 LED 屏幕随着高度攀升变换着颜色和画面，向乘客展现青岛从过去到现在的历史。

"当代"简约高雅

采用高雅、简约而不简单的设计风格，用简洁当代和强调垂直韵律的手法打造大气的办公入口空间，同时穿插艺术品、动感艺术和互动媒体，营造现代感，打造空间亮点。

"未来"虚拟现实

高速电梯先到达 81 层城市观光厅。以城市漫步为主题，整个楼层采用整体、流动的深色造型金属吊顶陪衬空间的主角：室外 360°的海景与城市景观。同时该层还在不同观景部位穿插了多媒体体验区域，让参观者感觉在现实和虚拟的城市之间穿梭。从 81 层可由扶梯进入 80 层云上艺术中心，主题为"光·影"，同样是整体感很强的空间，但将色调改为浅色及白色，陪衬该层空间的主角：艺术展品。82 层云端钻石俱乐部是时间胶囊的末端——未来，可以从首层电梯大厅直接坐电梯到达，该层的主题为"星光·炫动"。运用点状的灯光、闪耀奢华感的材料，结合高科技视频设备，打造梦幻感的星空俱乐部。

巴马丹拿集团自 1868 年创立，其前身"公和洋行"在上海外滩留下许多经典作品，如汇丰银行、和平饭店和海关大楼等。巴马丹拿集团现在是东南亚历史悠久、规模庞大的建筑及工程公司，分别在香港、新加坡、曼谷、上海、武汉、重庆、深圳、澳门、河内、胡志明市、雅加达、吉隆坡、杜拜、阿布扎比及多哈等地设立办事处，服务范围遍及整个东南亚地区。集团由来自不同技术范畴的专才组成，包括建筑、工程、室内设计及规划等，致力追求创造地方特色。

巴马丹拿集团对待每个项目都本着专业的精神和务求尽善尽美的态度，希望能对改善环境及市民生活质素尽一分力。设计不单注重功能的效率，对外型与环境的协调亦非常重视，务求满足业主、用者及大众的要求，达到最佳成果。巴马丹拿集团在办公、商业、住宅等领域完成过多个地标性建筑，包括香港地区的怡和大厦（康乐大厦）、置地广场、历山大厦等。

巴马丹拿集团（香港总部）
地址：中国香港北角英皇道 633 号 33 楼
电话：+852-25756575
传真：+852-28913834
邮箱：ptaehk@p-t-group.com

设计顾问

SWA Group

重要奖项

1. 2019 美国房屋建筑协会 - 年度规划社区
2. 2018 PCBC 金块奖 - 年度规划社区 & 最佳社区土地规划
3. 2018 美国景观设计师协会南加分会荣誉奖

景观设计

SWA Group 是青岛国信海天中心的景观设计咨询顾问，以特有的景观设计手法创造出为建筑加分的公共空间，同时考虑由超高层塔楼向下俯视的视角，设计出特色的视觉图案。

青岛国信海天中心地面层的主要景观特征是广场和漫步大道，将城市核心区与滨海相连。广场主要为开放空间，为丰富的户外活动（如艺术展览等）提供场地。街接上下两层的广场由相间色带的铺装构成，由塔楼高处俯瞰，广场铺装的条纹图案与建筑的几何形状构成对比。漫步大道贯穿整个项目用地，连接三个建筑核心区，并与滨海地带平行。漫步大道由一系列坡向街道1.5米的景观台地组成，连接场地内的景观花园和城市人行系统，将项目影响力辐射至更广阔的公共领域。设计的主要亮点有：① 中央大台阶—智能编程灯光景墙：重点景观构筑物金属穿孔景墙结合新型LED灯具，加装动态感应装置，在行人通过或驻足时产生不同灯光效果；② 广场和漫步大道硬质铺装：地面铺装纹路灵感来自湍流及海浪涡卷，采用同心圆为母题，地面层绿化设计延续了地面铺装的同心圆形式，使绿化与铺装有机结合，相辅相成；③ 开放式绿地：海天中心南北两侧设置开放式绿地，红线内景观与市政绿化带融为一体，结合水景、涌泉、坐凳、灯光、艺术品、小型草坪及大面积广场特色铺装等景观设施，为青岛市民提供高品质的综合性游憩空间；④ 景观花园：地面层大面积绿地花园景观作为都市海绵蓄洪的关键角色，降低周边地区淹水风险，并且循环利用回收雨水，达到能源节约的目标；⑤ 南车行入口水景墙：该位置原本为人防楼梯出口构筑物，位于酒店入口前，景观设计将不利因素转化为入口水景墙，利用穿孔板和水瀑营造特色迎宾景观。

海的元素与青岛密不可分。海代表生命的源头和大自然无穷的能量，而最能表现此能量的就是波浪与水流涡卷。屋顶层景观设计灵感来自海波，结合"高台"的功能及意象，以抽象设计手法配合现代建筑材料打造观景台方案。观景台位于项目中心区域，代表能量的汇集，是屋顶花园区活动及人气的焦点，登上台顶可观赏广阔的海景及周边城市景观。观景台也是酒店户外主题活动的主要空间，如婚礼、VIP餐宴等，全面提升场地实用功能，运营上也能创造出可观的经济价值。屋顶多功能活动广场将建筑内部空间向外延伸，在花园氛围中提供餐饮、散步以及社交空间。设计亮点主要有：① 绿色节能的屋顶、阳台：设置防水、排水良好的景观绿植空间，能有效隔热节能，降低下层建筑室内能源消耗；② 多功能活动广场：西裙楼屋顶花园设置宽阔的活动广场，以作为满足举办各类活动的弹性使用空间，可举办户外婚礼、酒会、产品发布会等活动，能眺望壮阔海景的多层次露台，充分展现滨海场地特色；③ 海流漩涡特色观景台：西裙楼观景台利用抛光反射面材，将蓝天导入花园，创造轻盈的感觉，并在入夜后透过内部打光更独特图样光影映射在屋顶花园，转换成时尚宴会空间；④ 观海休憩廊架：东裙楼观海休憩廊架面朝海景，提供遮阳避雨的观景场所，结合周边型态各异的日本黑松，营造一处静谧禅意的室外休憩空间。

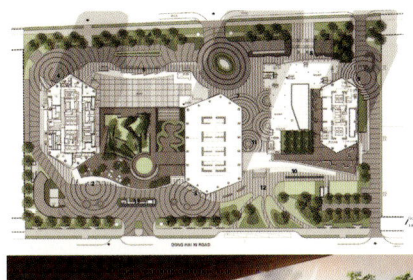

SWA 成立于 1957 年，是一家以创造力、响应力和卓越设计而享誉全球的景观建筑、规划和城市设计公司。公司相信，景观不仅是人类体验的重要一环，也是环境健康和基础设施的重要元素。

公司成立时名为 Sasaki, Walkerand Associates 西海岸设计室，1975 年成长为 SWA 集团。六十多年来，SWA 被公认为世界景观建筑、规划和城市设计领域的领导者。公司赢得过 800 多个国际大奖，拥有众多举世公认的最具创新精神、经验最为丰富的景观师和规划师。

公司以小型精品设计工作室为组织架构，从而增强创新能力并积极响应客户需求。本公司的客户包括公共机构、社区组织和非盈利组织，值得一提的是，公司有超过 75% 的业务量来自老客户。SWA 很荣幸与世界一流的业主、国际顶尖的建筑师、工程师和相关专业人士合作。

地址：570 Glenneyre Street, Laguna Beach, California, USA 92651-2453
电话：+1 9494975471
邮箱：xzheng@swagroup.com

设计顾问

Brandston Partnership INC.

重要奖项

1. 2020 LDA Lighting Design Award
2. 2019 中照明一等奖
3. 2018 The LIT Design Award

灯光顾问

Brandston Partnership INC.（以下简称"bpi"）自2014年起担任青岛国信海天中心的灯光顾问，设计阶段历时2年，期间经过数轮沟通探讨，最终敲定照明设计方案：通过照明还原"水"同建筑、空间、环境相互作用的状态，并以点、线、面的手法呈现，让海天中心白天的效果得以延续、升华，提升建筑形象。

照明节点需尽量降低对建筑外观的影响。建筑幕墙逐层内退、外推变化，建筑照明落地阶段的最大挑战是如何实现设计之初自然、足量地照亮每层竖向实体幕墙，并完美地同幕墙结构结合。经过多轮设计会议的探讨，最终确定采用新研发的透镜技术、定制灯具和定制幕墙节点，以确保实现这一要求。

完成建筑总体照明设计后，综合体内各业态，包括商场、办公、酒店、公寓及景观照明的设计工作也陆续开展。从方案设计到项目管理过程，bpi团队将国内外各类项目的经验应用到本项目中，与各团队紧密沟通协调，从照明设计角度为项目添砖加瓦。

水的概念贯穿整个设计，静水如渊，动水千态。水体蕴含的生命力给予青岛源源不断的能量。灵动变幻的照明模拟海与岸互动时的不同画面。

远观

即使两公里之外也能清楚地看到青岛国信海天中心塔冠的耀眼夺目，从浮山湾绚丽多彩的夜景中脱颖而出。设计希望在青岛离天空最近的地方用灯光循着过去的风华，走向明日的辉煌。

近赏

设计希望用光来表现建筑娴娜多姿的自然曲线，以及革新与传统的并置，感受海与青岛永不停歇的互动。随着幕墙的转折与退进变化，不同视角呈现不同的效果，且从任何角度看，迎海面总是最亮的。

先进的照明技术巧妙地融入最终呈现的夜景画面中，使整个塔楼立面成为强大的灯光载体。能量的传递可以举重若轻，像空气流动产生的海风；可以响亮欢快，轻柔缠绵，像海水蒸腾循环产生的雨水。

看海浪扑向礁石，活泼的海洋追逐沉稳的陆面。
看落叶划过远山，飞瀑落入深潭。
看海水吻上浅滩，阳光戏弄海面。
看一条妙曼变幻的弧线，一片光点写世界万千。

环绕建筑的景观照明意在营造自然光洒向绿植、小径、雕塑小品的惬意画面，因此慎用刻意、生硬的光，同时提供足够的功能照明。海风拂面，光线清晰而柔和，静下来轻触绿意盎然的小草，坐下来和朋友聊聊天，享受夜的静谧。

办公区的照明氛围是现代、高效、明快的。结束一天的高强度工作，移步商场，精心布置的灯光卸下人们一身的疲惫，提醒他们城市生活的美好。酒店区用光舒缓，治愈身心，伴随点点星光、灯光，在馥郁的香薰中轻轻入眠，耳畔依稀的海浪声永不疲惫，忽近忽远。

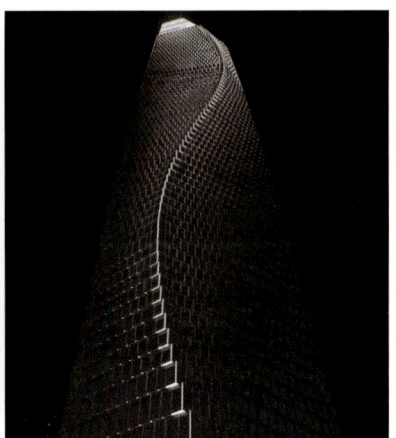

　　bpi 是国际上成立较早，也是重要的灯光设计顾问公司之一，从 1966 年创始至今，一直活跃在照明设计领域。目前公司由 120 余位专业设计师组成，在纽约、上海、北京、成都、深圳、新加坡、首尔、杭州皆设有办公室。

　　在照明工程设计和项目管理领域，bpi 均有着卓越的经验，在世界各地完成了超过 5 000 个工程案例。服务范围小到珠宝店、小型公寓照明，大到城区照明规划、城市综合体和交通枢纽照明。

　　在项目中，bpi 的首要角色是协助建筑师和业主认识项目的意向。每一个项目都由公司的一位合伙人领导一个设计团队来负责，这个团队将作为照明顾问协同建筑师一起完成该项目的照明概念设计。经认可的概念被编制成照明设计文本，作为扩初阶段及施工图阶段的基础依据。在此后的阶段，伴随建筑设计进行至施工图绘制阶段，bpi 的角色变得更具技术性，即引导照明设计工作并协助招标，并在施工调试阶段，确保设备能正常工作、结构操作简单易行。在全过程中，bpi 利用一套积极有效的系统完成了与建筑师及其他设计团队的沟通。

　　bpi 自开业以来备受公共事业机构、政府部门客户的青睐。这类项目（如自由女神像照明改造、维吉尼亚州阿灵顿美国女兵纪念馆及华盛顿州国立印第安人博物馆）向来自世界各地的游人展现着这个国家重要、最有意义的地方。此外，在传统艺术博物馆及特殊的科学展览馆照明（如纽约科学大厅、美国自然历史博物馆及各种水族馆）的工作中，bpi 在基于建筑背景的特殊展示用途的照明方面积累了丰富的专业知识和经验。

　　bpi 在 2003 年进入中国后，以国际先进的设计理念和服务意识，很快在中国照明设计领域占得一席之地，先后参与了颐和园灯光规划、首都博物馆展示照明顾问等富有挑战性的项目。在商业地产领域，bpi 先后承接北京国贸三期、上海中心、深圳湾华润总部、南京青奥中心等知名项目的照明设计和顾问工作。这些项目展示了 bpi 在解决新问题，以及从人文与设计视角提出革新性方案的实力。

地址：中国上海市黄浦区淮海东路 99 号 14K 座
电话：021-53960327
传真：021-53961087
邮箱：mail@bpi-cn.com
网址：www.brandston.com / www.bpi.com

设计顾问

WET

重要奖项

1. 世界吉尼斯纪录"室内最高水幕"
2. 世界最高室内瀑布

水景设计

海天大酒店大堂的水景是由 WET 进行全程设计、深化、设备生产和制造、舞美编程以及调试。

在开始设计之前，WET 了解到青岛国信海天中心项目毗邻大海，且整体的设计主题是大海和海浪，因此，在设计海天大酒店大堂水景时，WET 也遵循了项目的建筑设计语言，将大海和海浪带入到海天大酒店的大堂中来，让大堂水景成为海洋的延伸。首先，WET 将水池的形状设计成波浪形，21 个拱形水柱的定点也以波浪式排布。水池两边的顶部使用颜色较浅的石材，水池的顶部代表海浪的波峰。顶部浅色的石材也在庆祝和凸显跳蛙的起源。水池中间采用深色石材，与大堂的地板颜色保持一致，彷佛水池是地板延伸的一部分，并且水池中间由梯形波浪台阶组成，每个台阶都做成圆弧的边缘，从而使水流经过时形成光滑的水瀑布。每个拱形水柱都可以单独控制，根据各自程序压力的不同，形成高低错落有致的水流。经过精心的编程，这些拱形水柱时而追逐，时而断点跳跃，时而跟着音乐的旋律翩翩起舞，仿若生机勃勃的海底世界。

WET 作为世界水景行业的深耕者，设计水平、技术实力超群、项目经验非常丰富。

WET 定制式设计每一处水景，确保每处水景的独一无二性，并与项目建筑、景观融为一体，成为项目的亮点，吸引大量的人气和广泛的关注，也为客户带来非常可观的经济效益。

作为不断引领世界水景设计、设备及技术行业向前发展的世界顶级品牌，WET 在过去 30 多年时间，不断地投入人力、物力、财力努力探索创新，研究发明出世界喷泉水景的众多形式如 Laminar™ 跳泉，Water Skin™ 水皮肤；Vanishing Pool™ 旱喷，Super Shooters™ 喷射系统、花型喷射系统、360°万向喷头等等的独特水景技术及设备。

由于 WET 设计理念先进合理且设备技术精湛，所以 WET 的水景品质卓越，寿命很长，WET 成立之初（1983 年）创建的喷泉水景目前都已经 30 多年了，目前仍在服役且设计经典，完全没有过时的感觉。

由于 WET 设计理念先进合理且设备技术精湛，所以 WET 水景在节能方面表现地十分优秀。另外，由于 WET 在过去的 30 多年一直引领世界水景行业不断向前发展，所以给客户度身定制的水景项目设计和效果都是遥遥领先，如果客户在若干年后希望加入新的效果和元素，WET 水景优化升级十分方便，使客户的水景可以与时俱进，不断加入新效果和新元素。

WET 于 1983 年在美国洛杉矶成立，目前拥有 50 多项水景设计和技术设备专利，并已发展成为集水景设计、技术研发、创新、设备生产、工程、现场服务以及维护保养为一体的世界水景行业的深耕者。WET 已在全球 30 多个国家建成 300 多处水景。

WET 的价值在于为客户度身定制每一处独特的水景，快速引起人们奔走相告、口碑相传及媒体关注的影响力，使客户的项目迅速成为人们关注的焦点、目的地去处；延长目标人群客户在项目的停留时间，为客户带来可观的商业附加值；WET 水景拥有长久的吸引力、吸引人们不断回来，为客户带来可观的投资回报；另外，WET 水景品质卓越、建成数十年的水景仍在良好地服役、发挥其经久不衰的魅力。

WET 水景的服务程序：概念设计、概念设计、方案扩初设计、设计深化、建造文件、设备供应、舞美编程、现场服务及调试、维护保养。

地址：10847 Sherman Way, Sun Valley, California, USA 91352
电话：+1 818 769 6200
邮箱：apei@wetdesign.com

设计顾问

琅世唯（上海）贸易有限公司

玻璃灯饰工程

琅世唯（上海）贸易有限公司（简称"LASVIT"）负责海天大酒店宴会厅装饰艺术花灯与海天大酒店大堂光源动态艺术花灯玻璃灯饰工程。通过先进的设计理念结合优秀的制造工艺以及对细节的严格把控，呈现出具有时代艺术感的独特效果。

海天大酒店宴会厅装饰艺术花灯

2 600 平方米巨大的宴会厅艺术灯饰装置，主要设计目标是通过将现代设计方法与 1 000 年的玻璃制作传统相结合来增强宴会厅的空间层次。使用的主要材料是捷克波希米亚手工制作的玻璃片，宴会厅的灯光效果旨在指引和激发青岛的美丽。玻璃件和金属饰面的颜色反射出的光线，以模拟太阳每天升起和落下的时刻。不同亮度的光源复刻出太阳在水上的反射光亮。对于热闹的会议模式，照明系统将是最明亮的，LED 完全打开，创造明亮的辉光在天花板上的光源反射从金属涂层的组件。宴会、婚礼和晚会营造一种更加亲密的气氛，光源将被调暗，以呈现日落时的浪漫气氛。随着照明强度的降低，玻璃组件反射的光线会减少，为晚间活动营造出更加平静、优雅的氛围。LED 可单独控制，以便突显每个凹坑中装置的细节部分。金属丝网艺术品可以单独控制用来作为介绍或仪式开始的背景光，呈现星星照亮夜空的美丽。还可以一起设计更多的照明场景，为每个场景营造合适的氛围。

海天大酒店大堂光源动态艺术花灯

海天大堂艺术作品是融合捷克玻璃制造传统和现代设计的伟大作品。受水滴的启发，水滴形状的独特形式是特殊手工吹制而成的。玻璃采用与主原料相同的优质硅砂原料。玻璃的热液形态是由玻璃吹制工匠们配合吹成光滑的圆形，慢慢形成水滴状。LASVIT 将不同的元素加入到液体玻璃中，以达到所需的色调颜色。在液态玻璃中加入少量的金元素，在保持其水晶玻璃的半透明效果的同时，达到了组分的鲜红色。为了进一步增强玻璃组件，特意在内部形成小气泡，有助于分散玻璃组件内部 LED 的亮度。每个玻璃组件都有定制的 LED 组件内置，由计算机系统单独控制，以产生特殊的照明效果。每个 LED 都以不同的亮度和速度闪烁，以模仿雨滴和水滴的效果。白天，所有的光源都会被关掉，慢慢地打开，然后再次变暗。这一灯光场景旨在为白天抵达酒店大堂办理入住的客人营造热烈的欢迎气氛。黄昏时分，随着室外自然光线的逐渐减弱，这件艺术品将过渡到更明亮的场景。LED 将全部打开，并产生发光效果，每个组件将以快速的速度闪烁，创建一个更活泼的氛围。或者，还可以将黄昏照明场景替换为一个更平滑和平静的过渡，每个玻璃组件一个个地从左向右移动，然后再从右向左移动。最后，在夜晚，艺术作品将展示一场优雅、温和的雨景，LED 从上到下缓慢闪烁。

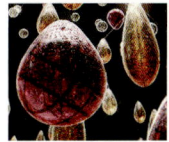 

  Leon Jakimic 在 2007 年创办了 LASVIT 公司，总部设在捷克。LASVIT 重新诠释了波西米亚玻璃，使其独特的美感得以延续。LASVIT 将玻璃的真实性与创新的技术和富有创意的工艺结合在一起，在短的几年中，已经确立了自己在由吹制玻璃制成的定制灯饰，与艺术装饰领域中不可撼动的地位。

  LASVIT 一名，由捷克语中表示"爱"与"光"的字母组成。LASVIT 的使命是为世界各地的客户带来美丽、快乐和一份波西米亚的灵魂，从而使世界变得更好。

  千年以来，捷克工匠代代相传的工艺，是让玻璃制造恰到好处。作为制造商，LASVIT 与手工艺人共同成长。LASVIT 公司传承捷克 Chribska 玻璃工厂的制造工艺，将传统工艺与现代技术结合到极致。

地址：中国上海市静安区愚园路 315 号 2 层 R237 室
电话：13917014956
邮箱：shanghai@lasvit.com

潜研艺术品顾问有限公司

海天大酒店艺术品设计咨询

潜研艺术品顾问有限公司负责海天大酒店艺术品设计的技术咨询服务，包括艺术品配置方案、艺术家推荐、艺术品施工工程等。

艺术家认为，海天大酒店大堂壁画的题材首先必须体现所在地的特点。经过抽离提取，海和山最具代表性——尽管青岛的城市建筑、啤酒文化等都是其靓丽的名片，但如果没有海和山，便没有了独具特色的青岛。窗外看海、室内望山，这是艺术品《海天东望》这幅画在海天大酒店所传达的意境。

壁画内容为海和山，色调以白、蓝、灰为主，点缀以一些金色。绘画材料为矿物色、有色沙土、金箔等，主要采用岩彩绘画的技法语言创作。作品的题材、构成、色调单纯素朴，尽可能体现材质感，回避客观写实的色彩造型，突出主观重构组合，避免酒店大堂因壁画营造出表面喧闹的气氛，尽可能用高雅、磅礴的气势欢迎来宾。

岩石的艺术——矿物是固定元素组成的固定结构，岩石矿物的组合，是一个广义的概念。"岩彩"的命名含有"综合"之意，岩彩材质具有独特的审美特征，粗细不同的晶体颗粒呈现天赐的魅力。选择岩彩材质进行创作的画家，都在意一种"岩性"——固体颗粒的物质存在感；都喜欢一种"岩意"——坚固、苍茫、神秘；都追求一种"东方精神"——天然结晶，天人合一。色彩搭配受到岩石本色的限定，材质是晶体颗粒及物质痕迹。平面叠加，异质共构，迹象表意，回归自然，觉悟天道，反思人性。

非接触式打印技术——打印用的壁纸日文名"聚乐 Juraku"，原料来源于石灰岩，耐光性很好，抗紫外线能力强，是为对应水性喷墨打印机打印而开发出来的特殊壁纸。其特殊之处在于，打印时机器与壁纸无需接触即可打印出高精度的画像。为表现出更好的色感，壁纸制作工艺也有很多讲究。该壁纸本身已经取得专利，英文名 Fresco Graphic Sheet。海天项目打印使用的聚乐壁纸厚度 0.5mm，是该系列壁纸中凹凸最大的壁纸，适合对立体感要求比较高的画质使用。壁纸表面存在的凹凸使打印上去的墨水颜色有远近感，视觉上有渐变和层次感。

潜研艺术顾问（上海）有限公司（ART FRONT GALLERY Shanghai）遵循日本 ART FRONT GALLERY 的理念开展业务。ART FRONT GALLERY 是一家活跃于各个艺术领域的公司，旨在基于艺术作品的时代精神及面向未来的预感，以广阔的全球视野看待艺术，并追求在公共场域有深度地开展艺术活动。公司的理念是相信只有透过艺术所给予的宛如微弱光线般的线索，公司才能了解人类的意图。

潜研基于以下理念挑选艺术作品：艺术鉴赏应经过长时间的评估并表达与当今国际社会之间的关联性；积极应对空间环境和生活方式的变化，将艺术完美融入开发项目和生活空间；极其重视与日本各地区进行真诚对话，公司相信环境保护意识应从故乡的概念出发，每个故乡是不可取代的宇宙。

潜研的经营宗旨是：发掘并呈现高品质艺术作品；精心制作作品；使艺术作品与其展示环境相协调；交易公开公平。

地址：中国上海市徐汇区天钥桥路 909 号 1 号楼 3 层
电话：021-64567827
地址：日本东京都涩谷区猿乐町 29 番 18 号
电话：81-(0)3-3476-4868

潜研艺术顾问（上海）有限公司
ART FRONT GALLERY SHANGHAI

设计顾问

苏州建筑装饰设计研究院有限公司

青岛瑞吉酒店施工图设计

苏州建筑装饰设计研究院有限公司承担了青岛瑞吉酒店精装修施工图设计。

工作启动之初，设计师根据原设计思路，将方案、扩初阶段图纸缺失的局部立面与细节设计补充完整，并依据大量工程经验找到最合理的细部收口方式，达到完美的装饰效果。由于图纸量庞大，参与人员众多，在深化过程中须反复分析比对，核实误差。除此之外，还需要解决各种装饰材料在现场安装时可能遇到的困难，以满足各项设计规范。

到达大堂玻璃防火墙体——到达大堂面积254平方米，面朝大海，两层挑空。同时作为电梯前厅，消防规范上需要满足A级防火，但是墙体大多为玻璃，需要耐火等级高的专业玻璃；玻璃在现场安装时，不同的分割大小会影响其耐火属性，需要结合玻璃的规格与钢结构之间的衔接方式来增强耐火等级；在玻璃隔墙上还有玻璃门，常规玻璃门一般留有较大缝隙，公司必须要重新设计门的细节，达到空间的密闭要求。

宴会厅独立装饰结构——宴会厅位于3层西侧，面积828平方米。由于空间高度过高，为了防止建筑主体在发生形变时影响到室内装饰，因此不能与建筑主体直接焊接吊。设计师首先设计了用于装饰固定的独立结构，再与建筑主体进行固定或抱箍，最后才进行装饰材料的基层及面层安装，增加室内装饰的稳定性。

无边界泳池墙面出风——健身区位于T2塔楼西侧的第50层，面积346平方米，靠近幕墙一侧为无边界泳池，可看太平山、八大关及老城区城景，实现无敌海景。在泳池设计中，泳池底部通常需要预留空间用于放置泳池设备，顶部也需要预留出机电设备空间，但是由于建筑空间高度预留不够充足，顶面无法再增加新风及空调风口。设计师及时与业主及设计方进行沟通，连夜研究墙面各种材质的进出关系及属性，最终秉持以客户为本，在不改变原设计的原则下，采用墙面出风，完美地达到了原空间设计效果。泳池区还增加了残疾人专用升降梯，可做到全程无障碍与地面完全齐平，使青岛瑞吉酒店在细节上处处体现人性化。

空中大堂擦窗机建议与弧梯背景BIM深化——T2塔楼51层到68层核心筒区域设有特色挑空中庭，高达78米，中庭底部的51层到52层设有瑞吉特色的大型旋转楼梯。出于酒店后期实际使用的思考，设计师提出此空间需要增加擦窗机，经过各方面研究并与专业设计人员探讨，对擦窗机的轨道安装、与周边装饰的衔接以及机器收纳位置提前做出设计图纸，得到业主的认可。装饰方面，弧形楼梯的背景采用贝壳马赛克与GRG材料制作而成，整体造型灵动富有美感，随性并充满肌理，每个小块相似却又各不相同。设计师运用了BIM技术，并与现场深化设计师一起加班加点把每一块都进行细分、归纳、整合，尽量在前期就规避施工上的难点，减少后期材料下单及安装耗费的时间与人力。

重要奖项

1. 2018中国建筑工程装饰奖
2. 2018国际环艺创新设计作品办公空间类金奖

苏州建筑装饰设计研究院有限公司创建于 1999 年，拥有建筑装饰工程设计专项甲级资质，具有装饰设计大型工程、重点工程的能力，能满足建筑装饰设计的专业化要求，现已步入全国建筑装饰设计的高水准公司之一。

公司凭借创新的理念、一流的质量、完善的服务，精心设计了一批具有较高专业水准和创新概念的工程项目，逐渐形成了自己的设计特长。

酒店设计方面，苏州 W 酒店、北京 W 酒店、台湾饭店翻扩建等项目都深得业主好评，也赢得了良好的社会声誉；办公楼方面，完成上海中心大厦、苏州中心广场等项目；2015 年公司还被上海中心大厦项目领导小组授予"先进集体"的荣誉称号；展馆展示方面，完成江苏大剧院、南京理工大学图书馆等项目；医疗方面，完成北京友谊医院、新疆医科大学第六附属医院等项目。

近年来，公司始终遵循 ISO9001 标准，在体现设计个性化的同时，规范设计过程，最大程度地满足顾客要求。公司在全国室内设计大奖赛中多次获奖，努力成为各大型企业密切的合作伙伴，并为客户带来优质的环境。

地址：中国江苏省苏州市沧浪区念珠街 105 号
电话：0512-68510061

青岛城市建筑设计院

重要奖项

1.2020年第九届"龙图杯"全国BIM建筑信息模型大赛设计组二等奖
2.2019年全国第十届"创新杯"建筑信息模型（BIM）应用大赛第二名

BIM咨询与精品办公区域精装修设计

青岛城市建筑设计院参与了青岛国信海天中心BIM服务及精品办公区域精装修设计工作。

在项目前期，城市院BIM咨询单位结合海天中心项目管理团队的技术特点和管理体系，制定了针对海天中心项目全周期的BIM实施体系。在施工队伍进场后，辅助业主对各参与方BIM成果进行审核，指导各参与方的BIM技术应用，为施工阶段BIM应用的质量保障护航。在运维阶段，指导施工单位完善施工模型、整理设施设备信息台账，搭建基于BIM的运维管理平台。在精装修工程方面，反复与厂家强调进场材料的品质优选，制作过程中多次分阶段到工厂进行检验，把控生产进度，使材料如期保质保量进入施工现场。

全周期内应用BIM技术——在设计阶段，城市院应用BIM技术出色地完成了BIM深化设计工作，通过BIM技术提高施工图纸的设计质量，为施工阶段工作的顺利开展打下了坚定的基础；在施工阶段，城市院整合管理各参与单位的BIM团队，应用BIM技术辅助工程质量、安全、进度、成本等各方面的管理，提高施工深化设计质量和效率，辅助施工管理目标的达成；在运维阶段，城市院审核督促相关单位按照运维阶段要求，完善竣工模型及设施设备信息台账，为建筑运营维护的信息化、数字化管理建立良好的技术基础。

"简约而不简单，稳重而不失活泼"，大堂的设计中，现代主义的影响在整个空间中清晰可见，整体空间运用简洁的色彩搭配与极具动感的线条进行装饰。设计也实现了对海洋文化的回应，接待区设计犹如船帆。天花设计犹如点点星空，照亮整片海洋，置身其中，犹如星空下在海面扬帆的帆船，终会驶向梦想的远方。办公区域的设计中，希望通过全新的办公空间激发员工的创造力，让创意可视化、共享化，让协作与专注并存，激发动与静的灵感碰撞，使员工在激情工作之余收获团队归属感。餐厅设计中，设计师们通过材料、照明、颜色与肌理的精心搭配，诠释着新的理念，这些元素发挥着关键作用，营造出独特的氛围，为顾客带来丰富的体验。同时，空间设计十分关注服务流线，所有餐桌间都划定了尺度舒适的过道，以方便餐厅运转。

青岛城市建筑设计院有限公司（以下简称"城市设计"）成立于 1963 年，系青岛国信建设投资有限公司控股子公司。拥有建筑工程甲级、风景园林乙级、城乡规划编制乙级、房屋建筑工程监理甲级、市政相关专业乙级等资质。

城市设计定位为集工程咨询、工程设计、工程管理为一体的全过程工程咨询服务商。拥有雄厚的技术实力和成熟的技术管理体系，实现了大量自主创新和绿色环保的科技成果，工程设计及技术研究成果荣获国家、省市优秀设计及科技进步奖 100 余项，连续多年被评为青岛市十佳设计院，青岛市 AAA 级诚信单位。

城市设计运用现代企业管理方式，致力于探索工程建设领域科学发展模式的变革之路和创新研究方式的开发之旅，汇聚了 300 余名优秀的工程建设领域专业技术人才，在建筑工程、市政交通、园林景观、室内装饰、BIM 技术、绿色建筑、地下空间等领域为客户提供专业性、系统性的技术服务和解决方案。城市设计秉承"成为区域领先、技术雄厚、专业精湛、客户信赖的全过程工程咨询服务商"的愿景，不忘"构筑城市梦想"的初心，牢记"服务开发建设、引领行业发展、创造生存空间、铸就员工成长"的企业使命，为推动城市化进程的科学发展和释放专业技术人才的创造能力而不懈奋进！

地址：中国山东省青岛市崂山区仙霞岭路 31 号国信金融中心 1 号楼座 7 楼
电话：0532-88907716
邮箱：qdcac@163.com

智能机电

青岛市勘察测绘研究院

工程勘察与监测

青岛市勘察测绘研究院负责青岛国信海天中心项目的工程勘察、基坑支护设计、工程检测及基坑监测、沉降观测等工作。其中，测绘专业团队全面参与该项目方案设计、土地划拨、规划审批及施工建设等各个环节，完成地形图测绘、规划选址、拨地定界、土石方测量及控制测量等全过程服务。

运行基准站（QDCORS）+ 测量机器人

综合采用先进技术及设备，打造一体化专业服务方案，实现全程精准、精确、精密化测量，以地下管线信息管理系统辅助智慧设计，提升设计效率。

全过程监测

本项目地质构造复杂，勘测团队通过对岩心、岩体的多种试验测试以及原位平板载荷试验的实施，提供了准确的勘察成果，尤其对地质构造的空间展布进行详细分析。为查明基坑开挖期间海水入侵的可能性，施工过程中进行全程监测，查明场区地下水与海水的水力联系及海水侵入的分布范围，为建筑耐久性设计提供了可靠依据，也为青岛沿海地区存在海水入侵可能的岩石深基坑工程积累了宝贵经验。通过对基底处基岩进行载荷试验，确定岩基承载力，较以往经验值提高了近50%，节省了项目基础投资。

绿色支护理念

基坑设计推行绿色支护理念，开创性地利用原有地下室外墙作为部分支护结构；采用钢管桩超前支护结合锚杆、拉力型与压力型锚杆交错布设的优化方案；东侧邻建地下室基底以上采用密置全长粘结性短锚杆，下部采用预应力锚杆以减少对现有建筑物基础影响。

自动化监测

考虑到基坑北侧紧邻地铁3号线，提出爆破对地铁隧道及周边高层建筑物的保护措施要求和自动化监测建议。针对项目周边环境复杂，管线密布等特点，对基坑监测内容进行针对性的设置，包括水平/竖向位移、锚杆轴力、周边建筑物沉降、地表及管线沉降、爆破振动等内容，历时34个月，6次预警，为信息化设计施工提供依据，为工程安全保驾护航。这是青岛地铁即将进入运营期的第一个、也是青岛地区的第一个自动化监测项目，于2019年获得青岛市优秀勘察设计一等奖。

重要奖项

1. 2016年起连续四年中国地理信息产业百强企业
2. 国家级守合同重信用单位
3. 青岛全市沿海1:5000水下地形图测量项目获全国优秀测绘工程奖十大白金奖

  青岛市勘察测绘研究院始建于 1951 年 9 月，加挂青岛市基础地理信息与遥感中心、青岛市测绘应急保障中心牌，是青岛市专业从事岩土工程、测绘、地理信息系统开发集成的综合性生产科研单位，也是国家级"守合同重信用"企业、中国地理信息产业百强企业、商务部对外援助配套骨干企业。持有国家级工程勘察综合类甲级、测绘甲级、地基与基础工程施工壹级、涉密信息系统集成、地质灾害治理工程、土地规划等资质。

  60 余年来，青岛市勘察测绘研究院围绕服务自然资源和规划大局，为青岛市重大基础设施建设提供了高效准确的勘测地理信息服务，在重要民生工程及国家省市重点工程建设中发挥了不可或缺的基础支撑作用。研究院承担了基础测绘、国土调查、沿海水下地形测量、抗震普查、地质灾害普查、场地污染调查、地下管线普查等重点项目；提供了轨道交通、胶州湾桥隧、胶东国际机场、奥帆赛保障等数百项重点工程的勘察测绘服务；在地理信息应用中形成多个成熟的行业解决方案，打造了"以地控税""一带一路勘测信息一体化""社会综合治理"等多个"青岛模式"产品；地图文化创意方面独具特色，引领中国地图文化走向世界；创立的"精勘准测慧城市"也被认定为山东服务类名牌和青岛名牌。

地址：中国山东省青岛市市北区山东路 189 号
电话：0532-85660917
传真：0532-85660900
网址：www.qdkcy.com.cn

博津思设计

总体标识设计

博津思设计负责青岛国信海天中心项目总体标识设计，包括青岛瑞吉酒店、海天大酒店、海天公馆、超 5A 甲级写字楼、海天 MALL、室外景观灯等所有业态空间标识。博津思设计提供概念设计、方案设计、扩初设计、施工图稿制作和标识施工阶段审核方面的设计咨询服务。

环境标识设计也运用海浪概念及建筑立面元素，通过重复的线条和动感灯光，打造精神堡垒、导向系统设计，以及道路两旁的迎宾灯柱，让海浪的曲线由高耸的塔楼一直延伸到近人尺度的标识里，以打造项目的环境品牌。同样的概念也被应用到项目的环境标识设计中，使象征着海浪的曲线元素贯穿室内外。

博津思设计是一家经由 WBE/DBE/SBE 认证，横跨多项设计专业领域的国际化公司，为许多世界著名地标设计了标志。作品遍布五大洲，并屡获殊荣。博津思设计将品牌、公共艺术、雕塑融入标志及导向系统中，创造有意义及亮点的视觉环境，增添公共环境的情趣美感，并为项目及业主带来许多正面的效益。

拥有 30 年经验的博津思设计与城市政府、公共机构、业主、开发商、建筑师、景观设计师等合作，一起为公众打造激发想象力且富有新意的品牌视觉环境。博津思设计在世界各地成功地完成许多国际大型项目，包含购物中心、酒店、旅游度假开发、娱乐中心、体育场馆、街景、市政工程、交通设施、综合体开发、医疗保健机构和校园等。博津思设计在洛杉矶、波士顿、芝加哥和上海均设有办事处，有专注于品牌环境及导向标识设计的精英团队成员五十人。

地址：432 Culver Blvd, Playa Del Rey, CA, USA, 90293
电话：310-822-5223
电邮：chuang@selbertperkins.com

青岛瑞吉酒店艺术品咨询

丹艺苑有限公司是青岛瑞吉酒店艺术品顾问。丹艺苑对青岛瑞吉酒店的艺术品收藏设置了很高的标准——不仅关注艺术品及室内设计装饰的形式性或视觉元素,也重视每位原创艺术家的个人背景和创作动机。公司相信艺术家自身的故事与创作概念能增强作品带给观众的冲击,为旅客留下到访青岛瑞吉的烙印。

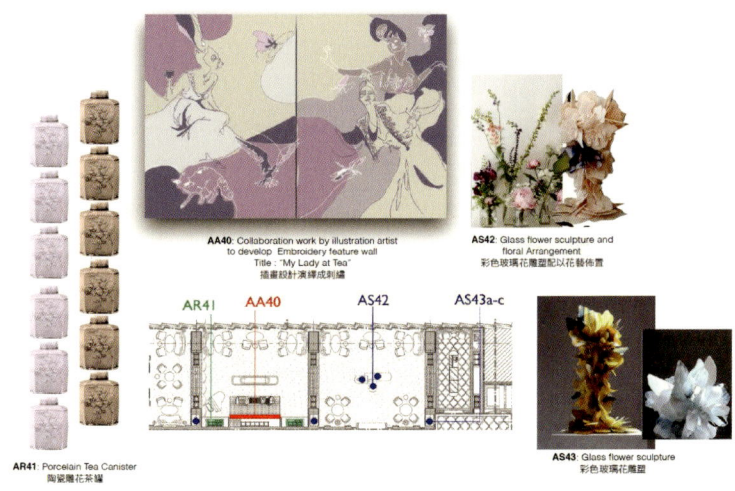

丹艺苑于1991年在中国香港成立,潘宝明女士(Ms. Helen Poon)及德维安先生(Mr. Anthony Davy)分别担任设计及艺术总监和首席艺术家。过去二十载,丹艺苑不断创造具启发性和恒久耐看的艺术,并因此享有声誉。丹艺苑通过精心考究地挑选古典和当代作品,为每个项创造独特的艺术理念和方案。丹艺苑的艺术顾问团队专注于连接艺术家、工艺师与现代行业,如酒店、企业、高端房地产和公共空间。丹艺苑会与客户钻研项目,合作发展一个故事或主题,并从项一开始就建立独特的艺术收藏程序。丹艺苑与本地及国际的艺术家、画廊、工作室及工艺师紧密连接,为客户、游客及广大市民创建令人难忘的空间。对于企业公共空间的艺术项目,丹艺苑的宗旨是建立观众与作品之间的亲密关系,以及公众和空间之间的连结。作为永久陈列艺术作品,艺术必须先与空间融合。丹艺苑精确地为每个项目精选定制独特的作品收藏,让空间得到艺术及文化的洗礼,成为集合义化和美学的地标。丹艺苑同时拥有自己的艺术工作室和艺术家。坚持原创和精准的原则,团队经验丰富,喜欢尝试不同的艺术媒介和材质,擅长制作不同规模的作品及现场装置艺术。有着艺术领域的敏锐性,力求创造具启发性、能够跨越时代的作品。

地址:中国香港新界沙田桂地街 10-14 号华丽工业中心 2 楼 1 室
电话:(+852)-2947-1381 / 2947-0095
电邮:Info@d-art.com.hk

上海康业建筑装饰工程有限公司

海天大酒店施工图

上海康业建筑装饰工程有限公司承担了海天大酒店施工图绘制工作。在前期图纸深化工作中,分析、梳理海天大酒店涉及的所有面层材料和各种施工环境,明确所有材料在不同环境和不同建筑基层上的每一种施工做法,分析各种材质相互交接处的收口做法,在保证涉及效果不变的情况下给出确实可行的优化方案。

技术性二次整合专业图纸——整合二次机电图纸时,以人体工程学为依据,力争做到使用舒适性、功能性与方案设计效果的完美统一;整合各相关专业图纸时,不是机械性地套图,而是结合方案设计意图与各相关顾问沟通协调,确保各专业图纸与方案设计完美融合;对施工阶段专业厂家进场时可能发生的变量,预留足够的可调整空间。

长期驻场——施工阶段,安排经验丰富的深化设计师长期驻现场,第一时间发现和解决现场与图纸不相符的问题,协调各相关单位汇报问题并给出优化方案。

上海康业建筑装饰工程有限公司专业从事高档星级酒店、商业中心、写字楼等公共空间环境设计,具备国家建筑装饰专项工程设计甲级、幕墙设计甲级、建筑工程设计乙级资质。设计院现拥有 260 多名资深的高、中级设计人员,涵盖建筑、结构、景观、装饰、保护建筑、展示、电气、给排水、暖通、软装等设计专业,分为十七个建筑装饰设计所、一个机电设备设计所、软装设计中心、国际设计中心、SKY 国际设计联合机构及设计研究中心。曾经或正在承担着北京国家大剧院、上海大剧院、上海科技馆、上海汽车博物馆、上海新天地朗廷酒店、北京盘古七星酒店、环球金融中心柏悦国际酒店、外滩华尔道夫酒店、联合利华中国总部、成都国金中心、虹桥 SOHO、无锡英特宜家、杭州来福士、世博会及奥运等大型项目的设计和深化设计工作,也与美国 TEAM SEVEN、HBA、JWDA、福斯特事务所、KPF、Tony chi、法国何斐德、意大利 SBD、日本 SPC、Benoy、callison、B+H、新加坡 MAPS、香港 LRF 等多家境外设计团队有过成功合作并获好评。

地址:中国上海市虹口区邢家桥北路 9 号
电话:021-65403410

厨房洗衣房顾问

上海天厨厨房设计有限公司是青岛国信海天中心厨房洗衣房顾问，承担了海天大酒店和青岛瑞吉酒店的厨房洗衣房规划设计工作。在尊重保留老海天优良传统的基础上，结合国际星级酒店的新标准，积极融合创新。同时，与建筑、机电、室内等设计单位密切沟通，秉承绿色高效厨房的设计理念，不断打磨方案，使得厨房空间内利用率最大化。

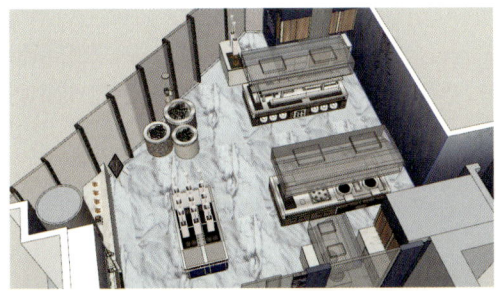

上海天厨厨房设计有限公司（AKCD），办公地设立在上海，是一家专业从事商业厨房规划设计的厨房顾问设计公司。其工作范围包括超五星、五星级酒店、航空配餐、公众餐饮、社会餐饮及食品工厂厨房的全套方案规划设计。每一个项目根据不同的地理位置，根据各地不同的饮食文化，口味偏好进行深入了解和分析，为每个项目量身定做，符合当地的市场，让客户的投入得到最大的投资回报是天厨一贯的服务宗旨。AKCD 团队不仅具有国内外丰富的项目经验，同时对于不同地区的饮食文化进行过深入的研究，国际化与本土经验最丰富的设计团队相结合，一定能为客户提供最佳的设计成果。同时也提供商业洗衣厂和酒店洗衣房的规划设计顾问服务。

地址：中国上海市徐汇区虹梅路 2007 号 5 号楼 202 室
电话：021-33685113 / 18621165675
邮箱：brent_akcd@163.com

海天公馆室内设计

Carlisle Design Studio（以下简称"CDS"）负责海天公馆部分室内设计。CDS 是一家享誉国际且屡获殊荣的室内设计工作室，提供室内设计、室内建筑、设计管理和采购服务。工作室成立于 2013 年，总部位于伦敦的贝尔戈维亚区（Belgravia），拥有来自 14 个国家的 35 位建筑师，室内设计师，照明/产品设计师和采购专业人员，拥有广泛的专业知识，有能力提供集成的解决方案与设计服务。

CDS 能清楚地认识到每位客户独一无二的项目和背景特征，并能灵活地根据每种具体情况来处理其设计方案。因此，客户或项目都是针对需求制定设计方案。CDS 严格应用专业知识和创新设计理念，提供最佳的设计方向，满足客户的设计需求。凭借在各种项目类型方面的丰富经验，CDS 可以轻松地适应设计思路。

海天公馆室内设计

CCD 香港郑中设计事务所（以下简称"CCD"）负责海天大酒店室内设计。CCD 系由著名设计师 JOE CHENG（郑忠）先生创立，专业为国际品牌酒店提供室内设计及顾问服务，是国际顶级品牌酒店室内设计机构之一。CCD 的国际化团队及专业技术令其与时俱进，在行业内始终保持领先地位及前瞻性的创新。CCD 在美国《室内设计》杂志 2019 年的全球酒店室内设计百大排名中名列第三，综合排名亚洲第一。2019 年、2020 年连续两年荣登"亚洲品牌 500 强"，2020 年荣登"中国 500 最具价值品牌"，品牌估值 97.58 亿，均成为第一个也是唯一上榜的设计品牌。CCD 汇聚了来自全球的华人精英，他们与生俱来的东方文化背景、广博的国际化教育与出色的工作经历，为 CCD 每一个设计作品注入了力臻完美的独特价值。

施工图审查

山东省建筑设计研究院有限公司负责青岛国信海天中心施工图审查。山东省建筑设计研究院有限公司是国家甲级勘察设计单位、全国重信用守合同单位、全国建筑设计行业诚信单位、当代中国建筑设计百家名院之一，是山东省建筑设计行业的龙头领军单位。

公司前身山东省建筑设计研究院成立于 1953 年，是山东省成立最早的勘察设计单位之一，随着主管部门的变化，单位名称也几经变更，原名山东省城市建设局设计院、山东省建筑工程管理局建筑设计院、山东省建设厅建筑设计院、山东省建筑设计院、山东省建筑设计研究院等，2019 年 1 月转企改制为山东省建筑设计研究院有限公司。

技术顾问

上海建科工程咨询有限公司
上海中心大厦建设发展有限公司
Thornton-Tomasetti
迈进外墙建筑设计咨询（上海）有限公司
凯谛思工程咨询（上海）有限公司
利沛建筑技术咨询（上海）有限公司
德勤设计有限公司
中国科学院声学研究所北海研究站
安邸建筑环境工程咨询（上海）有限公司
科进柏诚工程技术（北京）有限公司
必维集团
四川法斯特消防安全性能评估有限公司
弘达交通咨询（深圳）有限公司北京分公司
青岛市人防建筑设计研究院有限公司

技术顾问

上海建科工程咨询有限公司

工程监理

上海建科工程咨询有限公司负责青岛国信海天中心施工阶段所有工程内容的全过程监理。监理人以质量控制、进度控制、投资控制、安全环保、文明施工、现场环境监管、绿色建筑 LEED 认证、BIM 管理、合同管理、信息管理、档案管理等工作为主，对施工承包商的全部工程进行监督、检查、控制等各阶段规定实施的一切监理工作。

采用三级举牌验收制度

监理单位为控制工程质量一次验收通过率，完善项目报验流程，要求在分包自检、总包自检与监理单位验收时，验收人员均需在验收部位进行实体验收后举牌，验收牌上明确验收时间、部位、人员、存在的问题、验收结论等，并拍照留存。

推行全员 6S 管理制度

为提高各单位综合管理水平，推进现场文明施工和消防安全管理，监理单位大力推行现场 6S 管理的宣传和普及工作，推进现场规范化管理。项目部牵头制定施工现场 6S 管理工作指引，组织召开 6S 管理宣贯专题会，监理安全部定期对现场 6S 执行情况进行检查，做到现场安全文明施工的常态化管理。

建立项目安全奖惩管理办法

为提升项目安全管理水平，促进项目建设按计划有序开展，激励各单位及参建人员落实安全主体责任并提升管控积极性，保障项目安全生产。监理项目部协助业主建立海天中心项目安全基金管理办法，每月由监理项目部牵头，提名表现较好的施工单位及施工人员，按照管理规定的具体要求进行相应的奖励。

重大危险源公示及安全定点巡查

安全监理工程师每日将现场的重大危险源在工作群中公示，提醒相关管理人员重点关注公示的重大危险源区域施工情况或工作项的安全管理监督。同时，制定现场安全网格化管理制度，指定区域定责任人，要求负责人每天必须对自己的管理范围进行全面安全巡查。

酒店、公寓推行精装分户验收

海天中心精装标准要求高，对于酒店和公寓等可以按户区分的区域推行精装分户验收。根据五星级酒店、超五星级酒店以及高端公寓等不同业态的精装特点，针对性制定相应的精装验收明细表，做到一户一表验收。

参建单位信息协调管理

海天中心的参建单位除了直接相关者，还有政府职能部门及社会团体等间接相关者，需要协调的信息量十分庞大。为确保信息的时效性及准确性，监理项目部组织包括项目经理群、现场施工协调群、质量问题群、安全问题群及每个塔楼区段组成的小组工作群在内的信息沟通交流群，形成自上而下的信息管理体系，确保相关信息明确传达到相关人员。

基于 BIM 的安全管理

在安全方面充分利用 BIM 模型的可视性辅助方案审核；根据施工组织计划在形象进度上标识每月重大危险源形成安全风险地图；利用 BIM 技术辅助验收各塔楼结构外形复杂位置的爬模爬架埋件，减少安全隐患、提高工作效率；及时将发现的安全隐患上传手机端平台，共享给各施工方进行整改。

重要奖项

1. 国家鲁班奖 55 项
2. 詹天佑土木工程奖 28 项
3. 国家优质结构金奖 5 项

上海建科工程咨询有限公司（原名上海建科建设监理咨询有限公司）是上海市建筑科学研究院（集团）有限公司下属的国有控股公司，隶属上海国资委。公司经营业务范围包括工程监理、项目管理、招投标代理、造价咨询和工程咨询等，资质等级为：住建部综合资质（不分级，可以承接住建部全部 14 个大类的工程项目）、工程设备监理甲级、工程招标代理监理甲级、工程造价咨询甲级、人防工程甲级、政府采购中介资质甲级、工程咨询单位甲级。基于依托上海、面向全国的服务宗旨，已在全国 30 多个省市开展项目监理和咨询管理，树立了一流企业品牌。公司拥有职工 6 000 余名，其中高级及以上职称 330 余人，中级职称 1 350 余人，硕士、博士 300 余人，本科及以上学历占比超过 50%。同时，公司还拥有英国皇家特许建造师 16 名，英国皇家特许测量师 5 名，具有国家注册监理工程师 800 余人、一级注册建造师 220 余人、国家注册造价工程师 110 余人、国家注册咨询工程师 50 余人，其他国家类技术专业注册人员 200 多名。

公司已承接 5 500 多个工程项目，工程总投资超过万亿元人民币，承担了许多上海市乃至国家重点工程、标志性建筑以及特大型建设工程，获得国家建设工程"鲁班奖"55 项，国家优质结构金奖、银奖 46 项，詹天佑奖 21 项，全国金杯示范工程 20 余项，省市级奖项 800 余项。公司多次被评为全国先进建设监理单位、上海市立功竞赛金杯公司、优秀公司；并被评为住建部抗震救灾先进集体、全国建设监理行业抗震救灾先进企业、全国建设工程咨询监理服务客户满意十佳单位，并获评上海市质量金奖企业、上海市重点工程实事立功竞赛优秀公司、金杯公司、上海市高新技术企业、国家火炬计划重点高新技术企业、上海市企业认定技术中心、上海市著名商标等荣誉称号。

地址：中国上海市徐汇区宛平南路 75 号 1 号楼 6 楼
电话：021-64687800
网址：www.jkec.com.cn ； www.jkpm.com.cn

上海中心大厦建设发展有限公司

全过程咨询顾问

自2015年8月起,直至青岛国信海天中心建成完工的六年多时间里,上海中心大厦建设发展有限公司持续为海天中心业主方输出管理和技术咨询,在设计、施工、造价管理、商务运营、物业管理、制度建设等各方面分享了许多宝贵经验,也提供了建议意见。针对海天中心建设中遇到的难点和问题,通过日常问题解答、网络会议、月度现场巡查、项目技术文件审查、编制管理办法、拟定策划建议书等方式,想业主所想,急业主所急,为海天中心业主答疑解惑,同时对于可能发生的技术难点、安全隐患预先提醒,防患于未然,对海天中心的顺利建设起到了重要的辅助作用。

管理咨询

对项目管理各阶段部门设置、人员编制及人员岗位职责提供建议;协助建立项目管理方面的相关规章制度(包括流程和清单);科技课题设立和执行方式建议;造价控制咨询。

设计管理咨询

从业主方管理角度针对各专业顾问公司的工作提出管理建议;针对设计阶段成本控制提出策略性建议;从业主方管理角度出发,针对初步设计、施工图图纸提出质量管理的合理化建议和效益工作策略,主要包括但不限于:对专业顾问提供的绿色建筑和节能设计方案进行合理性评价并提出优化建议;对专业顾问提供的智能化和信息化方案进行评价并提出优化的策略性建议;针对BIM复核结果提供相关工作建议;根据业主意愿和工程要求,组织专家对某些专项设计进行评审。

施工管理咨询

针对总包单位提交的进度、质量、安全管理方案提出相关建议;对施工关键节点、难点提出建议;参加重大技术方案、难点的讨论和分析,提出相关建议;针对各业态或专项工程样板工程的实施方案提出建议。

招投标及采购管理咨询

根据业主要求,提供具有超高层工程经验的合作单位名录,包括施工、监理、材料、设备等;提供重要材料设备以及对材料设备质量管控的合理化建议;为造价顾问提供的承包方之间、材料设备供应商和承包方之间的合同工作界面的划分提供建议;提供施工及材料采购招标文件样本格式。

市场咨询顾问服务内容

文化功能建议:项目文化氛围营造,文化功能定位,文化功能产品设计、运营模式及运营商的推荐(如美术馆、博物馆、艺术中心等);对写字楼、精品办公的功能定位细化、产品设计优化、市场定位、租售策略及比例、价格体系、客户访谈筛选等提供建议;对商业功能定位细化、产品设计优化、市场定位、招商方案、租金体系、客户访谈筛选等提供建议;对观光层功能定位细化、产品设计优化、客户访谈、运营咨询服务、运营项目的功能划分、市场推广、票务方案等提供建议;对衍生品产品设计优化、运营咨询服务、销售模式、店型设计等提供建议;对物业管理模式、物业管理团队的选择或组建提供建议。

BIM管理咨询顾问内容

编制海天中心BIM管理总体策划书及总体实施大纲;指导《海天中心BIM手册》的编制工作;针对各阶段BIM模型成果进行内部抽样审核,并出具审核意见;针对海天中心项目协同管理平台的搭建提供咨询建议。

重要奖项

1. 2019 国家优质工程金奖
2. 2017 第十五届中国土木工程詹天佑奖
3. 2017 中国建设工程鲁班奖(国家优质工程)

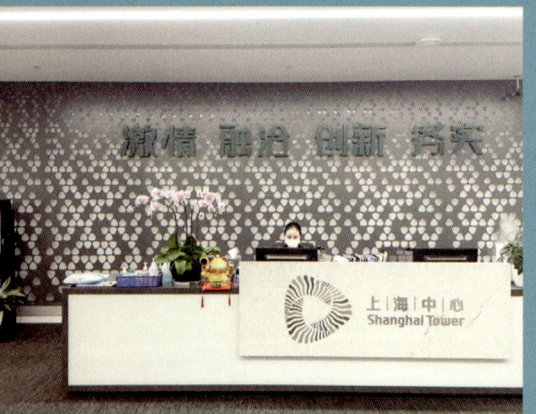

上海中心大厦建设发展有限公司成立于 2007 年 12 月 5 日，由上海城投（集团）有限公司、上海陆家嘴金融贸易区开发股份有限公司和上海建工集团股份有限公司共同出资成立，专门负责上海中心大厦项目的开发、建设及运营。上海中心利用股东各方丰富的资金、技术和经验，全面考虑市场需求，完善大厦功能配置。以倡导绿色建筑、完善区域功能、推动科技创新为使命，秉承以人为本和可持续发展的理念，全体员工用"激情、融洽、创新、务实"的企业精神追求"至高、至尊、至精"的建设目标，打造了一座令人尊重的绿色、智慧、人文的垂直城市。

上海中心大厦建设发展有限公司下设——上海中心大厦商务运营有限公司，负责上海中心大厦项目的招商租赁、观光经营、宴会和会议活动举办等业务；上海中心大厦世邦魏理仕物业管理有限公司，主要负责"上海中心"的专业物业管理；上海中心大厦酒店管理有限公司，作为 J 酒店业主，负责酒店运营监管。

上海中心目前是中国第一、世界第二高楼，且为世界上最高的绿色建筑，系全球唯一一栋 400 米以上中美绿色双认证的建筑。上海中心系中国人首次建造 600 米以上的高楼，充分展现改革开放以来中国制造、工程建设领域的巨大进步和城市现代化发展的成果。

上海中心先后荣膺世界高层建筑与人居学会"2016 世界最佳高层建筑奖"、BOMA 全球创新大奖、世界最大房地产展会"最具人气奖"，及鲁班奖、詹天佑奖、国家优质工程金奖等重要国际国内大奖。

上海中心曾举办或承办过多场重要政府、商业活动及公益活动，如今已成为上海新城市地标和名片。

地址：中国上海市陆家嘴环路 479 号上海中心大厦 1001 室
电话：021-20656996
邮箱：PR@shanghaitower.com；business@shanghaitower.com

Thornton-Tomasetti

结构顾问

Thornton-Tomasetti 为青岛国信海天中心提供了 T2 塔楼范围内（含地下室及相关联的地上裙房部分）的结构设计的审核和相关的技术咨询服务，包括：结构方案设计阶段、初步设计阶段和施工图设计阶段。

结构顾问团队与主体设计团队密切合作，对基本设计准则、结构材料、荷载、结构体系、抗震性能目标提供咨询意见，对地勘资料和基础设计提出合理化建议，对建筑物的规则性、复杂性、技术可行性进行评估，并独立建立弹性 ETABS 模型对结构计算进行复核演算，为项目提供专业的结构审阅意见，基于 Perform3D 独立进行第三方大震弹塑性时程分析，审阅设计单位超限审查报告及大震弹塑性分析报告，参与重大结构相关会议和结构超限审查会，协助设计团队顺利通过结构超限设计审查，在施工图阶段对图纸的配筋设计和节点设计提供合理化建议，审阅最终的计算机分析模型和计算书等。

青岛国信海天中心 T2 塔楼主要功能为酒店与办公，塔楼高度约为 369 米，远超出国家规范对 B 级高度的要求。采用带外伸臂的框架—核心筒结构体系，其中外框架柱采用钢管混凝土柱，外框架环梁采用方钢管梁，内核心筒剪力墙采用内置钢板的混凝土剪力墙（下部）或角部内置型钢的混凝土剪力墙。外筒平面形状为矩形，矩形长边长度约 70 米左右，短边长度约 39 米，塔楼主结构高 333 米，高宽比 8.3，利用设备层设置伸臂桁架加强层。从结构设计上主要技术特点体现为：① 项目临近海边，风荷载大，对风荷载粗糙度类别进行详细论证，在塔楼的两个方向选用不同的粗糙度类别；② 结构整体高宽比为 8.3，超过结构规范要求的 6；核心筒高宽比为 20.8，超过规范建议值 12；③ 顺应建筑塔楼外立面曲面造型需求，结构外框柱需大量采用斜柱，塔楼北侧和南侧的斜柱受力复杂，属于空间弯扭构件，对框架柱弯扭受力特点进行专项分析；④ 对外框柱采用钢管混凝土柱或型钢混凝土柱，从受力特点、含钢率差异、施工速度、节点复杂程度以及防火防锈等多维度进行对比分析，最终选择合理的框架柱截面；⑤ 对加强层采用伸臂桁架的布置方式和布置楼层进行合理化敏感性分析，以找到最优结构方案；⑥ 核心筒竖向刚度变化，在高区较大幅度收进，形成大中庭；⑦ 对楼面钢次梁布置从净高分析、是否采用组合梁设计、如何简化施工连接构造等方面进行多方案比选；⑧ 三栋塔楼的基础均采用平板式筏基，无桩基。

重要奖项

1. 2020 年美国钢结构协会 2 亿美元以上国家级建筑 DEAS² 奖
2. 2019 年世界高层建筑与都市人居学会 2019 年优秀结构工程奖
3. 2018 年美国加州工程新闻实录南加州最佳住宅/酒店项目

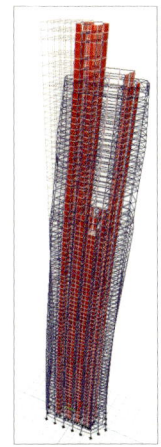  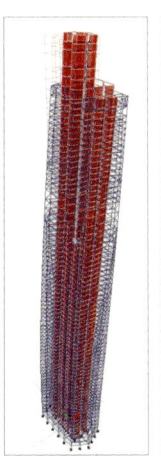 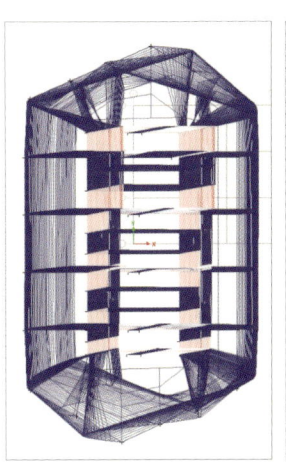 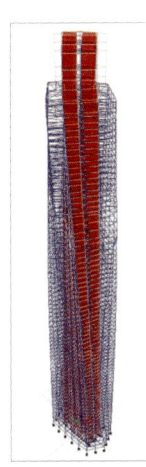 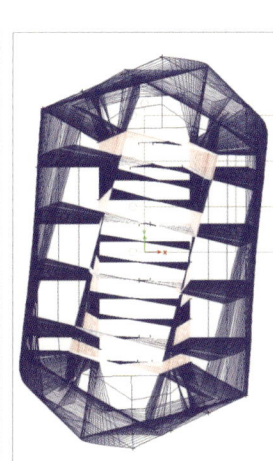

ETABS 模型

Thornton Tomasetti Inc.（宋腾添玛沙帝，以下简称"TT"）总部位于美国纽约，作为工程设计、工程调查和分析的领导者，为世界各地各种规模和难度的建筑工程提供专业的工程咨询服务。TT 所提供的十项工程服务相辅相成，贯穿建筑物的整个生命周期，包括结构工程、幕墙工程、建筑防护设计、建筑可持续化设计、建筑维护维修、工程调查取证、施工支持、不动产损失评估咨询、应用科学和交通工程服务。自 1949 年以来，TT 已经与世界多个国家的业主合作、参与或完成了众多著名项目，包括吉隆坡石油双塔、台北 101、上海中心大厦、深圳平安金融中心等。今天的 TT 已经成长为一个拥有超过 1 500 名员工的跨国工程咨询公司，在美国、加拿大、亚太地区、欧洲、拉丁美洲和中东地区都设有子公司或办事处，在中国北京、上海和香港亦都设有分公司。公司本着拥抱挑战、创造恒持久价值的宗旨，致力成为工程行业改革和创新的全球先驱。

地址：120 Broadway, New York, NY 10271, USA
电话：+1-917-661-7800
传真：+1-917-661-7801

地址：中国北京市建国门外大街 19 号国际大厦 1601A
电话：010-85306262
传真：010-85306896

地址：中国上海市汉口路 398 号华盛大厦 1601 室
电话：021-60570900
传真：021-60570901
网址：www.thorntontomasetti.com

Thornton Tomasetti

迈进外墙建筑设计咨询（上海）有限公司

重要奖项

1. 2017 年绿建二星 LEED 金奖
2. 2017 年 LEED 金奖

幕墙设计技术咨询服务

迈进外墙建筑设计咨询（上海）有限公司为青岛国信海天中心提供了幕墙设计全过程及其相关联项目的技术咨询服务，包括外墙系统设计、技术顾问咨询、总控及协调等服务。服务范围包括但不限于：玻璃幕墙、金属幕墙、石材幕墙、采光顶、雨棚、建筑悬挑部分、与主体建筑相接的玻璃灯箱和外饰构件及所有在为青岛国信海天中心用地范围内的建筑外墙，并为外墙室外照明与灯光、擦窗设备及采光顶维护清洗设备提供设计配合。

为表现"海之韵"的总体立意，建筑师在建筑表皮处理中使用了大量的层叠肌理、立面转折、装饰线条；在竖向设计中使用了摆动幅度较大的贯通脊线；在顶部设计中则使用了卷束形态、椭球观光体、高低平台等手段，传达"波光粼粼""沧浪三涌"等建筑语言。复杂的表皮肌理及建筑形态，加之地处海边的严苛环境，给幕墙及擦窗机的设计带来较大的挑战。迈进公司经过与建筑师的多次探讨及研究，按照"传统理论、创新设计、实施性强"原则，为建筑外墙及擦窗机提供了整体设计方案。其创新设计点之多、难度之大、构造之复杂，在现代建筑幕墙工程中实属罕见。

全单元层叠式玻璃幕墙

T2 塔楼檐口高度达 369 米，采用了全单元层叠玻璃幕墙。为适应绿建三星、落地景观、高风荷载、高耐腐蚀等特殊要求，在构造设计中使用了大量特殊构造、新材料及新工艺：幕墙整体保温性能：$K \leq 1.6 W \cdot (m^2 \cdot K^{-1})$；全超白双银 Low-E 双腔体中空夹层玻璃；硅基保温毯；集成型材通风器；电动外平推开启扇。

单元折叠带型窗

根据 T1、T3 塔楼造型特征，外幕墙采用了窗墙体系，其中窗体系采用了连续单元窗设计。工厂化单元窗体；全部可由内部安装及检修；全超白中空夹层玻璃；集成型材通风器；电动外平推开启扇；

高空悬挑全透明玻璃观景平台

在 T2 塔楼西侧 81 层，标高 330 米处，建筑师设计了三个凸出立面的三角形全透明玻璃观景平台。为达成全景无遮挡的设计效果，迈进经过构造、结构、生产工艺、测试条件等多角度反复论证，以自悬挑玻璃地板为基础方案，创新定制了五金件、玻璃生产方案，并专项定制了玻璃质量标准和成品盒子结构检测方案，经专项专家论证及专项全尺寸安全性测试，成功后现场实施。全玻璃景观视野；玻璃自悬挑地板；垂幕构造玻璃墙；创新定制金属连接件；悬挑距离 1.79 米。

椭球形变色天幕

T2 塔楼顶部观光展示厅的椭球面采光天幕，采用了高科技"电致变色玻璃"，其可见光透过率可在 57%~1% 之间无级调节；设定了光感自动、中控人工控制、App 远程控制等三种控制模式，完美取代了实物遮阳系统并提供多种光线选择。同时，不同透光率变化的玻璃也可分别控制，组合出多种图案，提供活泼灵动的空间氛围。

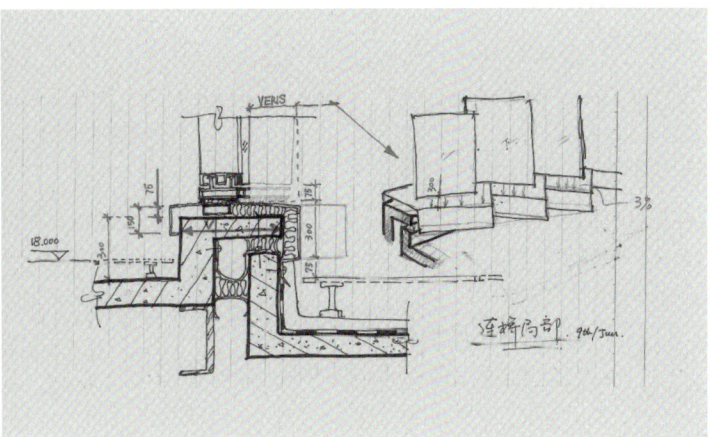

  迈进集团是世界著名的建筑工程咨询集团公司，1955年成立于墨尔本，目前总部位于新加坡，并在全球拥有33间办公室，员工超过3 800名，服务于中国乃至全球范围的建筑工程。

  迈进外墙是迈进集团的分支机构，服务于幕墙和擦窗机专业方向。迈进外墙于2005年进入中国，注册成立了迈进外墙建筑设计咨询（上海）有限公司，并在北京、深圳设计了分支机构；目前总共拥有36名在册员工（上海22名、北京8名、深圳6名），并同时由迈进香港、迈进菲律宾公司提供人力资源支持。

  迈进外墙进入中国以来，依托于迈进集团深厚的工程经验，并得益于中国建筑市场的蓬勃发展，在中国区完成了大量的工程案例，总数已经超过500项，其中不乏著名的地标性案例（包括北京地区的国贸三期、银泰中心、中海油、中石油、奥林匹克会议中心、上海国家电网世博园区写字楼、无锡国金中心、宁波城市之光、杭州来福士等）；同时正在进行的案例也超过100项（包括北京地区的CBD核心区Z14地块、Z3地块、核心区文化设施；通州运河核心区IX-04地块、05地块、07地块等），在业界赢得了良好的声誉。

地址：中国上海市徐汇区龙漕路299号3A幢6层
电话：021-64668375
邮箱：mft.sh@mfacade.com / ivan.li@mfacade.com

技术顾问

凯谛思工程咨询（上海）有限公司

工程造价顾问

凯谛思工程咨询（上海）有限公司（原名威宁谢工程咨询（上海）有限公司）担任青岛国信海天中心项目工程造价顾问。

造价管理是项目管理的必要组成部分。从全局管理的角度去理解并贯彻执行造价管理工作，是凯谛思为青岛国信海天中心项目服务的核心理念，也是造价控制成功的基石。而设计阶段的造价控制是造价管理的重中之重。凯谛思结合参与的国内外大型综合体及超高层项目的工程经验，提出了在合同前期项目管理过程中关于造价控制的一些管理方法及理念，并且同时包括估算与合约规划。

初步预算

估算阶段的项目定位、运营需求及设计标准对今后的造价起到决定性作用。首先，针对影响方案造型和外观的因素做一些专项方案比选工作，其次结合各专业顾问对各专业做进一步的设计方案比较，最后重点研究材料及设备的档次选用。

合约规划

确定各标段的工作内容以及各标段之间的工作界面。确定业主、总分包、各独立承包人、供应商等之间的责任关系，明确彼此之间的工作界面。此工作亦作为后期各标段设计师出招标图范围的要求，避免在招标阶段遗漏相关工作内容，或出现过多暂定金额导致后期施工过程中承包人提出索赔。对备选设计方案、材料、系统和方法进行成本比较；制定详细的成本规划并严密监控，确保工程费用不超出预算范围；运用工程价值分析对设计做出选择以最大化利用资金；为合约分拆、招标程序及采购方案提供合理建议。

凯谛思在超高层建筑建造领域可谓经验丰富，服务覆盖全球，在业界拥有弥足轻重的影响力。海天中心设计单位多为境内外大牌企业，工作规范化程度高，设计标准高；项目个性化程度高，对标项目可参考性往往不高，结构体系相对复杂，为多业态综合体；工期长、成本高、投资风险大，对成本管控精度要求高；新工艺、新技术的应用较多。凯谛思具备丰富的经验及主导成本管控的能力，并且有足够的人力资源配置，能够应对人力资源需求高峰，配合开发商项目开发进度，为海天中心在造价咨询方面提供了优质的服务。

重要奖项

1. 2018年英国皇家特许测量师协会年度专业咨询服务团队 - 建造领域冠军
2. 2018年英国皇家特许测量师协会年度商业地产项目冠军
3. 2018年英国皇家特许测量师协会年度城市更新团队冠军

凯谛思是一所全球领先的自然和建筑资产设计及咨询公司，致力于为客户提供出色的和可持续发展的建筑成果，改善生活质量，解决其在建筑和自然环境领域所面临的难题，为客户、社区以及城市创造价值。

凯谛思在全球 70 多个国家拥有 27 000 名员工，年收益达 34 亿美元。在亚洲拥有 50 多间办事处，超过 5 000 名员工。过去 80 年间成就斐然，将原有的品牌进行整合，包括威宁谢（Langdon & Seah）、克力思（ECHarris）、安诚（Hyder Consulting）、新珀捷（inProjects）和 SENES，从而更加充分地发挥整体综合实力，把凯谛思最好的工作成果带给客户。

整合之后，凯谛思能够提供更强有力的解决方案，切实履行目标——在自然和建筑环境领域为客户提供可持续发展的卓越成果。凯谛思在亚洲拥有广阔的发展前景，同时也期待与更多的客户展开合作，携手应对亚洲市场未来的艰巨挑战。

地址：中国上海市遵义路 150 号虹桥南丰城 C 座 11 楼
电话：021-60261300
邮箱：fengshien@arcadis.com

技术顾问

利沛建筑技术咨询（上海）有限公司

垂直交通专项设计技术咨询

利沛建筑技术咨询（上海）有限公司（以下简称"利沛"）为青岛国信海天中心提供方案设计阶段、扩初设计阶段及招标文件中涉及的垂直交通专项设计及关联项目的技术咨询服务。

为青岛国信海天中心服务内容包括三栋塔楼、裙房、地下空间的垂直交通、扶梯交通方案设计及图纸复核；主体设计过程中涉及垂直交通（包括电梯、自动扶梯、自动步道、提升机等）的图纸审核及技术配合；垂直交通招标技术文件的编制。

海天中心由于其特有的"海之韵"形态以及地块的初始条件，建筑核心筒长而窄，对于设备的布局存在一定的设计挑战。

以T2塔楼为例，为尽量减少核心筒内电梯数量，同时满足设计标准，采取了"穿梭电梯+区间电梯"的设计，同时运用"井道叠加"原理，使得核心筒内空间得到最大化利用。超5A甲级写字楼区域采用了区间客梯配置目的楼层控制系统，既有效提高了电梯群组整体运输效率，同时在与闸机系统联动设计的前提下，大大提高了安保性。同时，写字楼空中大堂的穿梭客梯采用了"可调节间距"双轿厢穿梭梯。

T2塔楼的顶层设有城市观光厅、云上艺术中心和云端钻石CLUB。为了实现独立的电梯客梯服务且能达到较好的设计指标，最终确定采用一组4台速度8.0m/s的高速电梯方案。在实际运营时，无论顶部观光层采用什么功能业态，这组高速电梯都能通过合理的运行调整来满足访客或游客的需求。

另外，在复杂的裙楼中，不同的电梯和自动扶梯也发挥了各自独立的作用，支持裙楼中各个区域的垂直交通需求，使海天中心成为拥有完善垂直交通系统的精品项目。

Lerch Bates 于 1947 年成立于美国芝加哥，是一家全球领先的建筑技术咨询顾问公司。利沛建筑技术咨询（上海）有限公司是 Lerch Bates 在中国的全资公司。公司服务宗旨是帮助客户实现并优化其建筑及设备系统（垂直交通和幕墙维护）的设计、运营和更新。利沛的服务领域广泛，涉及商业、酒店、住宅、医疗机构、零售、教育、政府、交通、体育馆和娱乐设施等。从世界最高楼的电梯到大型医疗机构的物料运输，利沛都在为客户提供正确的楼宇洞察力——将想象力及正直诚信付诸成果。

作为独立的顾问方，利沛提供建筑全生命周期的服务，包括新建项目初期的设计顾问服务，新建项目后期的施工管理服务，以及建成项目的设备更新改造、维保评估等服务。

秉持公正、公平及可持续的设计原则，利沛在提供的咨询服务时将始终把自己视作为业主团队的重要一员并融入业主的设计思考中，同时基于 70 多年的全球项目经验，提供一套尽可能完美的解决方案，而非从设备供应商的角度提出有利于自身的方案或卖点。利沛提供的设计方案能够在设计难点、项目特点及业主诉求中达到平衡，真正做到以客户为中心。

地址：中国上海市长宁区宣化路 28 号舜元企业发展大厦 B 座 1409 室
电话：021-52716190

德勤设计有限公司

声学咨询服务

德勤设计有限公司为青岛国信海天中心提供声学咨询服务,工程声学质量的分析测评及优化服务,以及影音工程设计顾问服务。

德勤设计团队负责建筑声学和环境声学、隔振、降噪、混响控制和隔音;还对已经建成但存在问题的项目进行现场调研,提供应急方案和可改善的建造策略。在整个服务过程中,指导承包商提供最佳的视听效果,并进行视听考察,提供质量保证。另外,在弱电智能化及IT、安防及IoT方面也提供了现代化的解决方案。

在青岛国信海天中心声学设计中,T1、T2、T3塔楼的设备层采用了不同于常规项目的弹簧式浮动地台(浮筑楼板)的减振降噪处理方式。浮筑楼板结构与单层楼板结构相比,隔断了设备与基础之间的所有刚性连接,固体传送显著降低,同时由于是双层隔墙与空气层组合,空气声隔声量也显著增加,对于后期进场的设备依然有隔振效果。

项目的音视频系统设计采用了高速、稳定的网络传输标准或协议完成整体系统架构,无论是音频还是视频信号都可以通过网线或光纤在各个节点间通过交换机进行网络传输,联通整个大楼的脉络。其所占用的网络带宽适中,但比传统协议传输距离更远,传输过程更稳定,传输信号质量更好。网络式架构不仅在现有实际施工中体现了优势,在未来业态系统升级中也带来了极大便利;在未来更多依靠网线传输的时代,音视频系统仅需根据设备物理升级情况对其进行更新换代,相对简单的网口压接工艺也使得连接的错误率大大降低且效率提高,在未来检修时也更简单易行。

为满足多种活动需要,海天大酒店宴会厅在常规音视频系统覆盖的基础上使用了舞台悬挂系统,可悬挂桁架、线阵列、艺术品等物体,为今后宴会厅举办各类活动增加了更多可能。随着现在演艺活动数量的增多和对效果要求的提高,相信越来越多的客人将对海天宴会厅的优质服务及配套设施拥有更难忘的体验。

德勤设计有限公司（ihD Ltd.）总部于 2003 年在中国香港成立，是亚洲领先的顾问公司之一，并在亚洲的 5 个国家设立了 7 个办事处。迄今为止，已经在 20 多个国家完成了超过 700 个有代表性的项目案例。作为一支富有创意、充满激情、热忱务实、有独立性的顾问和工程师团队，德勤以完善的解决方案和项目管理来满足客户的要求，在设计和项目管理方面有着良好的声誉。在项目中以丰富的经验选择合适的集成商来确保项目顺利按时完成。在高速发展的技术领域中不断突破自我，以创新的理念为未来做出更好的解决方案。凭借专业的技术水平和知识，给客户带来更高的效率、更少的成本和更低的风险。对成熟和尖端技术的了解，使德勤能提供更好的解决方案以满足不同客户以及未来设备的需求，保证系统的最佳状态和可靠性运行、顺畅的用户体验、高效的能源节约，使用户能够享受到最优质的服务。

地址：中国香港上环皇后大道中 367-375 号 L.Plaza 1 楼
电话：852 2819 1108
网址：www.ihd-hk.com

中国科学院声学研究所北海研究站

超高层建筑减振降噪措施研究

中国科学院声学研究所北海研究站针对青岛国信海天中心开展了超高层建筑减振降噪措施研究，重点解决机房、设备间等噪声源的减振降噪，为项目的声学设计和实施提供保障。

对设备间隔声楼板进行实际模态测试实验，得到各阶固有频率与模态阵型，利用有限元和实验互相验证，研究设备房隔声楼板的模态参数；通过对比实测噪声频谱和模拟噪声频道，定性地分析土建薄板结构振动声场的振声耦合特性；研究设备房内贴附吸声材料的降噪极限值；建立一套针对超高层建筑设备房的降噪减振处理方法；使设备房和受设备房影响的周围房间的声环境达到声学设计标准，并为以后超高层建筑设备房的隔振、降噪处理提供设计依据。

超高层建筑设备间的相邻区域是对声环境要求较高的客房、观光层和住宅等，因此必须控制设备间产生的噪声和振动。项目的降噪对象布置在中高层，且设备间分布了很多大功率机组，增加了减振降噪的难度。因此，从楼板结构振动辐射噪入入手，研究振动衰减规律和设备间固体传声和空气声辐射规律，最后通过减振、吸声和整体浮筑的方法达到减振降噪的目的，关键技术如下：

设备间隔声楼板模态参数识别。通过求解固支条件下隔声楼板的振动微分方程、求解矩形隔声楼板在固支条件下的解和固有频率，计算隔声楼板的固有频率和模态阵型，通过模型的修改和不断优化得到设备间隔声楼板的模态参数。

设备间传递到相邻房间的结构声和空气声贡献量确定。应用 ANSYS 有限元分析软件和 Virtual Lab Acoustics 声学仿真软件对三维矩形空间声场进行仿真，通过对比实测噪声频谱和模拟噪声频谱，分析土建薄板结构振动声场的振声耦合特性和噪声辐射特性，进而确定受保护房间的总声级中由设备振动传递引起的结构声和由设备直接发射噪声的贡献量。

设备房吸声降噪极限研究。目前常用的具有高隔声量的隔声材料往往不具备足够的吸声特性，且材料重量较大。因此，考虑在设备房内贴附轻质宽频吸声材料，将显著减小反射声能。

设备房内每台设备的隔振设计与浮筑结构隔振设计。为使得设备房中每一台设备传递到浮筑隔声套房的振动激励最小，利用振动系统的隔振理论、数值仿真技术和实验测试技术，对机房中每台设备进行隔振处理，确定每个振动系统的固有频率和工作频率，选择合适静压缩量和阻尼比的减振器。

中国科学院声学研究所青岛分所暨北海研究站（以下简称"北海站"）始建于1961年，是中国科学院派驻青岛的综合性科研机构、山东声学学会办公机构的挂靠单位，也是青岛市计算机协会、青岛市科学学与科研管理研究会等学术团体的理事单位。

北海站现有在职职工60余人，其中副高级以上职称人员占总人数的32%，硕士以上学历人员占比达到56%。建站以来，北海站在水声学、水声工程、声学仪器研制、噪声振动控制、声学实验技术、信号处理等领域开展了独具特色的基础理论和应用研究工作，为水声工程海上试验和应用声学研究提供了极具成效的技术支持和科技保障。北海站近年来承担了多项国家科技预研项目和"863""973"以及各种基金课题项目研究，先后多次获得国家、中科院、中船总等多部委及省市科技成果奖。其中，获得院部级二等奖4项，三等奖8项，2人次获得"中国科学院杰出科技成就奖"，1人次获得"中国科学院技术能手"称号。

地址：中国山东省青岛市城阳区汇智桥路96号
电话：0532-66071999
邮箱：ioaqd@mail.ioa.ac.cn

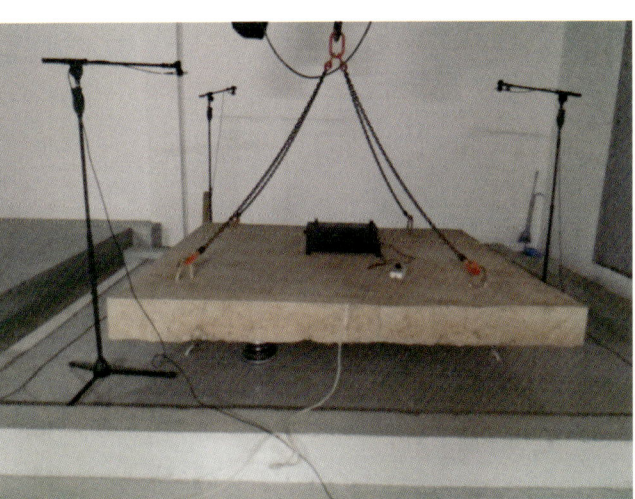

安邸建筑环境工程咨询（上海）有限公司

风洞试验与调谐液体质量阻尼器设计

安邸建筑环境工程咨询（上海）有限公司（以下简称"RWDI"）担任青岛国信海天中心的风洞试验、风振计算，并协助完成相关审查。设计了调谐液体质量阻尼器（TSD），以改善风振舒适度，提高建筑品质。RWDI 以丰富的 TSD 设计经验和不管改进创新的非线性流体设计方法，为海天中心设计了对置式异形 TSD 阻尼器群组（共两台）。对置式异形 TSD 的阻尼器群组设计在世界上也是首次，这些 TSD 共同工作可以将海天中心风致加速度降低 30%，将风振舒适度提高一个级别，同时也可以用作消防水箱。

在规划与设计的早期阶段，团队对影响建筑物与结构物的环境因素，包括风效应、雪效应、通风、振动以及微气候等问题予以谨慎的关注，从而带来节约工期、节约造价、降低风险等良性结果。

RWDI 采用物理模型、数值模型、测试技术并结合工程经验解决世界各地与环境有关的各种工程问题。RWDI 配备有四个边界层风洞试验室、一个开敞式水槽试验室，以及包括计算流体力学（CFD）软件在内的各种计算软件。RWDI 还有采用先进的激光三维铸模技术的独立的模型制作工场、综合数据采集技术、存储与处理系统、计算机辅助制图，以及各种测试仪器。

RWDI 作为世界上最著名的风工程顾问公司，在加拿大、美国、中国、英国、澳大利亚、新加坡、吉隆坡、印度等 21 个国家和地区设有 27 个分公司或办事处，拥有超过 800 名员工，在近 50 年时间里为全世界近 2 万个项目提供了风工程咨询服务（在南极洲也有多个项目业绩）。目前世界前十高的超高层建筑物中，RWDI 担当完成了其中九座的风洞试验。RWDI 为这些地标性建筑物提供了包括建筑体型优化、结构风荷载、幕墙风压、人行风环境、烟囱效应、热舒适度研究、抗风阻尼器设计等服务。

RWDI 参与了众多世界著名的工程项目，包括世界第一高楼迪拜塔、美国自由塔、台北 101 大厦、北京中央电视台新大楼、上海中心大厦、广州珠江城等。

地址：中国上海市南泉北路 429 号
电话：021-80284316
邮箱：feng.qian@rwdi.com
网址：www.rwdi.com.cn

科进柏诚工程技术（北京）有限公司

机电顾问

科进柏诚工程技术（北京）有限公司负责青岛国信海天中心T1塔楼、T2塔楼、会议中心及酒店配套、地下库等区域的机电方案审核，主要材料、设备招投标阶段的顾问，及其关联项目的技术咨询服务。包括项目方案、初步设计阶段、施工图以及招标服务等几个阶段的服务。

冷热源的规划设计采用了分散式的设置形式，充分考虑了业态功能、物权情况、租售情况、使用时间等因素，保证了日后运营管理的便利性和灵活性。冷源形式按各功能区的特点和需求进行了针对性设计。例如酒店部分均采用了常规电制冷（水冷），保障性高、节能性强；超5A甲级写字楼和海天MALL采用冰蓄冷，充分利用峰谷电价差，降低运行费用，平衡城市电网负荷；超5A甲级写字楼、海天公馆均采用水环式水冷多联机，运行灵活，便于分户管理和控制；城市观光厅采用了常规电制冷（风冷），独立性强，便于区分物权，利于管理。热水锅炉和蒸汽锅炉均采用双燃料。平时所用燃料为天然气，备用燃料为燃油，可保证星级酒店能源的安全性；锅炉均对烟气进行冷凝热回收，最大程度节省能耗，降低冬季供暖的运行费用。水系统分区域采用了一次和二次泵变流量系统。海天大酒店、青岛瑞吉酒店各负荷端与能源中心的距离偏差不大，各环路阻力差较小，因此设置一次泵变流量系统，即有利于节能，又保证各负荷端的平衡性；超5A甲级写字楼和海天MALL相对独立，使用时间有差异，且各环路负荷特性相差较大，压力损失相差悬殊，因此采用了二次泵变流量系统，即有利于节能，又消除了各环路之间的相互影响；超5A甲级写字楼设置了24h冷却水系统，保证租户计算机机房不间断供冷的需求，同时还设置了关断阀和计量装置，方便收费和管理。酒店部分的新风和竖向排风均单独设置立管，避免客房间的风管窜声问题，保证了客人的入住体验。新风系统均采用热管式热回收系统，避免能源浪费，且该热回收形式卫生无污染，保证了酒店的品质。海天MALL的大空间设置双风机全空气系统，过渡季可实现变新风比及全新风运行，该设置方式可充分利用自然冷源，最大程度节省运行能耗。

科进（WSP）集团总部位于加拿大蒙特利尔，于多伦多证券交易所上市（交易代码：WSP）。科进是全球首屈一指的专业工程顾问公司，专业服务涵盖楼宇建筑、交通基建、环境、工业、资源开发（包括矿业、石油和天然气）、电力能源等领域，并提供项目交付和战略咨询服务。科进的历史可追溯至1885年于美国纽约创立的柏诚（Parsons Brinckerhoff）。柏诚是世界上历史最悠久的工程公司之一，被公认在基础设施和楼宇设施的咨询、规划、工程设计、项目管理、施工管理、运营及维护方面处于领先地位。2014年，科进与柏诚合并，成为全球领先的工程顾问公司，2016及2017连续两年在ENR全球"国际顶尖工程设计公司225强"中排名第一。"科进中国"为其中国地区各公司统称，总部设立于香港，正式注册公司为科进顾问（亚洲）有限公司。柏诚工程技术（北京）有限公司作为科进顾问（亚洲）有限公司在北京市正式注册之全资公司，具有合法独立法人资格。

地址：中国北京市朝阳区广顺南大街8号院1号楼利星行中心E座6层601室
电话：010- 65848757
邮箱：Eric.Liang@wsp.com

必维集团

绿色建筑咨询

必维集团为青岛国信海天中心提供美国 LEED 绿色建筑认证及中国绿色建筑三星认证等相关咨询服务。2018 年 12 月 17 日，青岛国信海天中心 T2 塔楼在住建部官网公示完毕，标志着青岛第一高楼正式成为中国首个获得新国标"绿色超高层建筑三星级认证"的项目。

大型超高层城市综合体工期长、参建方多、业态复杂，囊括了办公、商业、酒店、住宅、观光和文旅等众多业态。项目应用了包括幕墙通风技术、磁悬浮离心机组、排风热回收和余热废热回收、可再生能源、暴雨径流管理和非传统水源再利用、室内空气质量管理和监控、设计全过程 BIM 管理等一系列技术，历时近 7 年，通过了国家超高层绿色建筑三星级设计标识认证，同时还获得 LEED 金级认证。

必维集团 (Bureau Veritas) 是全球知名的测试、检验、认证和技术咨询服务机构。集团创立于 1828 年，总部位于法国巴黎，目前在全球 140 个国家拥有约 1 500 间工作室和实验室以及超过 78 000 名员工，拥有 3 500 多项专业资质和国家级认可。必维为逾 400 000 家客户提供专业一流的服务和创新性的解决方案，以确保其产品、设施和生产流程符合质量、健康、安全、环保和社会责任领域的标准及规范，从而帮助客户提升业绩表现。

必维建筑工程与基础设施服务为地产商、政府机构、连锁产业以及工业企业客户提供各类具有先进经验的专业服务：项目全过程工程咨询、项目工程监理项管一体化管理、质量监督、环境健康咨询、绿色建筑咨询 / 认证、能效服务、第三方质量审查、造价咨询及招投标代理服务等。

必维中国绿色建筑与可持续发展团队是中国绿色建筑委员会青年委员、上海市绿色建筑协会常务理事单位、USGBC 授信 LEED 评审单位、能源管理体系授信审核单位。借助集团全球可持续发展网络，团队将全球最先进的技术、知识和理念向客户转化。

电话：中国北京市东城区北三环东路 36 号 北京环球贸易中心 B 座 22 层 邮编 100013
电话：010-59683753
网址：www.bureauveritas.cn； www.bureauveritas.com

四川法斯特消防安全性能评估有限公司

消防安全咨询

四川法斯特消防安全性能评估有限公司为青岛国信海天中心提供消防性能化分析服务及其关联项目的技术咨询服务，直至项目消防施工图纸通过消防主管部门的审批。

T2塔楼消防设计中，需要在建筑总平面、各层平面布置、建筑结构耐火及防火、人员疏散设计、消防水系统、防排烟系统、电气等方面整体考虑，采取适合的加强措施。

四川法斯特消防安全性能评估有限公司以消防工程学原理为基础，大量调研分析国内外超高层设计案例，结合海天中心的功能要求，了解青岛消防救援力量的建设情况，经过多次专题研讨、专家咨询，为项目量身制定了经济合理、安全可靠、便于实施的消防设计方案。同时，项目团队利用国家课题和规范编制研究成果，通过仿真模拟技术建立火灾仿真模型，根据模拟结果调整方案、优化设计，提出适合项目又安全可靠的消防设计方案。

合作过程中，经历了《建规设计防火规范》的新旧更替，《自动喷水灭火系统设计规范》《建筑防烟排烟系统技术标准》等新规范的出台，顾问团队充分发挥在规范理解及编制方面的优势，积极为项目提供消防咨询与顾问服务。

火灾实验是检验模拟技术的有效途径。依托应急管理部四川消防研究所拥有的国际先进的防火科研设备和科研优势，开展火灾实体实验，为海天中心项目层间防火分隔的实体实验提供了技术咨询与审核顾问工作。

2015年11月11日，在顾问团队专业、全面的汇报和解答基础上顺利通过消防评审，为后期的消防设计审查提供了坚实的基础。

四川法斯特消防安全性能评估有限公司于2003年成立，是应急管理部四川消防研究所的直属单位，也是国内开展消防安全设计评估与技术咨询最早、技术实力最强、涉及领域最广的专业公司，已取得质量管理、环境管理和职业健康安全管理三体系认证。

公司拥有国家标准管理组专家、国家一级注册消防工程师、高级建构员、中级建构员等技术团队成员，长期从事消防顾问、特殊消防设计（建筑消防评估）、城市（区域）火灾风险评估、火灾高危单位消防安全评估、现场消防安全隐患排查、图纸审核、消防安防工程检测指导、监管及监理等业务，开展实体火灾实验、新技术新产品、智慧消防的研究应用。

公司提供创新消防全过程协同专业服务、消防设计方案定制服务、消防审核跟踪配套服务，为客户控制成本、优化资源、创造价值。

地址：中国四川省成都市金牛区金科南路69号
电话：028-87519716
邮箱：scfast@vip.sina.com

弘达交通咨询（深圳）有限公司北京分公司

交通设计

弘达交通咨询（深圳）有限公司北京分公司为青岛国信海天中心提供交通设计及其关联项目的技术咨询服务，截至项目初步设计完成。

通过大量的项目实地调研及数据分析，对停车区域划分及车流动线进行了优化，合理安排了货运流线、上落客区位置及日常进山车流动线。

货运流线——14个货车停车位。货运车辆只能通过地面层西南侧坡道和东南侧坡道进入。

上落客区——海天中心为酒店、商业、办公、公寓、会议和会所提供了上落客功能，上落客区设置在首层，项目地面提供了20个上落客车位，及2个大巴上落客区。

进出车流动线——确保了海天中心东侧、西侧及北侧进入车辆均能实现高效通行。

弘达交通咨询（深圳）有限公司隶属于MVA集团公司（MVA Group）。MVA集团公司于1968年在英国成立，为各国政府与私人机构提供有关交通规划、交通工程和管理的专业性咨询服务，并协助解决客户于市场策略、操作及财务决策上所遇到的问题。目前，集团总公司设于英国沃金（Woking），支部遍及世界各地，包括英国伦敦、爱丁堡、曼彻斯特及贝尔法斯特、法国巴黎，以及亚洲区的香港、深圳、北京、上海、曼谷、新加坡、胡志明、孟买、新德里等地。

MVA集团公司是赛思达集团（Groupe Systra）的成员，赛思达集团是全球最大的专业化交通运输顾问机构之一，总公司设于法国巴黎，服务对象遍及世界五大洲。

MVA亚洲总部位于中国香港，并分别在深圳、上海及北京设有分公司，公司拥有共100多名员工，其中60多名乃极具国内经验的专业员工，为MVA在中国的发展提供强大的支持。

地址：中国北京市朝阳区东三环南路98号高和蓝峰大厦B座518室
电话：010-58611190； 010-58611203
邮箱：Vicki.SHAN@mvaasia.com

人防工程设计

青岛市人防建筑设计研究院为青岛国信海天中心提供人防工程设计服务。设计遵循平战结合的原则，在完善人防地下室战时功能的前提下，尽可能不影响项目平时的使用功能。设计方案采用环抱式，战时各防护单元主要出入口均结合平时消防疏散出入口设置。工程内部所设置的设备机房和战时水池在设计合理的前提下，尽量利用边角位置或平时无法停车的区域，为业主节省车位。所有出地面的通风井均结合出地面楼梯间或地面建筑一层位置的侧壁布置，外墙装修与整个建筑、广场统一考虑，将通风井和楼梯间对上层商业区域和地面环境的影响减至最小。

青岛市人防建筑设计研究院有限公司成立于1970年，是一个具有雄厚人防建筑技术力量和建筑设计能力的现代化技术服务实体。

设计院专业齐全，拥有一批资深设计人员，业务素质高，实践经验丰富，服务意识强。拥有国家一级注册建筑师6名，一级注册结构工程师7名，注册公用设备工程师（暖通空调）5名，注册公用设备工程师（给排水）2名，注册电气工程师3名，注册城市规划师4名，注册岩土工程师1名，高级工程师38名。设计院的设计、管理、服务体系完善，于2002年8月顺利通过ISO9001:2000国际质量标准体系认证。作为青岛市具备人防工程、建筑工程甲级资质的专业设计院，承担了青岛市辖区内单建式人防工程和附建式人防地下室大部分设计工作，为繁荣发展青岛市的人防建筑事业和地下空间开发做出了较大的贡献。设计范围已辐射济南、淄博、东营、烟台、潍坊、济宁、日照、德州、聊城、临沂、菏泽等山东省内区域。设计院全体干部职工秉承"精益求精，诚信专业；时时尽心，事事满意"的服务理念，为广大客户提供优质服务。

地址：中国山东省青岛市崂山区苗岭路36号国发中心2号楼21-22层
电话：0532-80909776
邮箱：rfsjy@vip.163.com

施工与设备

中国建筑第八工程局有限公司
中建安装集团有限公司
中建深圳装饰有限公司（幕墙）
中建深圳装饰有限公司（精装）
中建八局钢结构工程公司
北京江河幕墙系统工程有限公司
苏州金螳螂建筑装饰股份有限公司
东亚装饰股份有限公司
德才装饰股份有限公司
青建集团股份有限公司
同方股份有限公司
中建电子信息技术有限公司
日立电梯（中国）有限公司
奥的斯电梯（中国）有限公司
安利玛赫高层设备（上海）有限公司

中国建筑第八工程局有限公司

工程总承包

中国建筑第八工程局有限公司（简称"中建八局"）是青岛国信海天中心工程总承包方，负责全部土建及安装工程，负责项目现场的总协调。

2016年4月，中建八局海天中心项目团队进场，拉开了"青岛第一高楼"的生长序幕。2016年8月14日，海天中心主塔楼大底板混凝土一次性浇筑完成；2017年6月，地下室结构封顶；2018年1月，智能体验中心建成并正式运行；2019年1月11日，一次性完成1100吨钢结构屋顶提升；2019年6月30日，主体结构封顶；2020年4月30日，主塔楼塔冠钢结构封顶，项目高度达到369米。从-30米深基坑到369米高楼触摸天际，中建八局全力以赴，"筑"力刷新青岛城市天际线。

深基坑施工

在项目场地受限条件下，岩石地基土方外运、地下室主体结构大体积混凝土浇筑为前期重难点，针对以上难点，使用深基坑重载车辆通行装配式大坡度钢坡道实现车辆出入基坑，使用伸缩式皮带输送机进行底板混凝土浇筑。

超高层混凝土泵送

项目工程体量大，工期短，针对T2塔楼外框钢管柱施工难点，使用混凝土顶升技术对钢管柱进行混凝土施工，提高施工质量，加快施工速度。

扭曲立面爬架体系运用

针对T3、T1塔楼外立面造型复杂的难点，主体结构施工中使用可变角斜向爬升全钢附着式升降脚手架针对外立面造型变化进行斜向爬升，提高施工效率。

BIM的机电工程数字化装配技术

工程涉及七大业态，机电及装饰装修工程功能复杂，标准要求高，使用BIM的机电工程数字化装配技术，通过建模，工厂数字化加工设备预制加工成品，运输至施工现场进行快速装配。

基于窄带物联网的超大建筑群智慧工地施工管理技术

本项目施工安全管理难度大，研发基于窄带物联网的超大建筑群智慧工地施工管理技术，解决了现场作业人员管理及现场安全管理的问题，提高了施工现场管理效率。智慧建造平台可实现智能监控、数据自动采集、远程传输、预警推送等功能。

重要奖项

1. 2020年国家优质工程
2. 2020年山东土木建筑科学技术二等奖
3. 2020年山东省文明单位
4. 2020年山东省青年文明号

中国建筑第八工程局有限公司作为世界500强企业——中国建筑股份有限公司的骨干成员，国家首批"三特三甲"资质企业，以投资、建造、运营为核心业务，始终活跃在中国经济建设的前沿。

中建八局始建于1952年，企业发展经历了兵改工、工改兵的过程。1983年9月，由基建工程兵00229部队集体整编为中国建筑第八工程局，总部设于山东省济南市。1998年9月，为响应国家加快浦东开发的号召，局总部由山东济南迁入上海浦东。中建八局现有员工43 000人，下设五大分局，24家二级公司，27家海外机构。企业注册资本金135亿元，资产规模超2 000亿元。主要经济技术指标名列中建排头。

中建八局作为中国最具竞争力的大型综合投资建设集团，以承建"高、大、特、精、尖"工程著称于世，重点发展高端房建、基础设施、地产开发、投资运营、创新业务"五大业务板块"。形成了机场、会展、体育场馆、文化旅游、医疗卫生、高档酒店城市综合体、大型工业厂房和公路、铁路、城市轨交、市政路桥、环保水务、城市更新等系列建筑产品。

中建八局长期致力于建筑科技和施工管理的研究与创新，拥有2个院士工作室、1个工程研究院、1个设计管理总院、1个博士后工作站、6个省省级技术研发中心、7个甲级设计院；获得国家授权专利9 986项，国家级工法55项，省部级工法1 898项。截至2020年，中建八局共获得国家科技进步一等奖5项，中国建筑业最高质量奖——"鲁班奖"230项，国家优质工程奖263项，詹天佑大奖26项，是中国获得国家级工程奖项最多的建筑企业。

地址：中国上海市浦东新区世纪大道1568号27层
电话：021-61691998
邮箱：cscec8b@cscec.com
网址：8bur.cscec.com

中建安装集团有限公司

机电系统总承包

中建安装集团有限公司是青岛国信海天中心项目机电系统总承包，工程范围包括暖通工程、消防工程、强电工程、虹吸雨水系统、太阳能集热器、泳池设备等。在海天中心建设过程中，高峰期的施工人员高达1 200余人，经历过3个春节。

建筑机电装配式加工厂实施技术

中建安装集团在山东建设了第一座装配化加工厂，采用软件硬件一体化技术：详图设计采用"管道预制设计系统"软件，实现管道单线图和管段图的快速绘制；预制管道采用"管道预制安装管理系统"软件，实现预制全过程、全方位的信息管理；采用机械坡口、自动焊接，并使用厂内物流系统，整个预制过程形成流水线作业，提高了工作效率；采用移动工作站预制技术，运用自动切割、坡口、滚槽、焊接机械和辅助工装，快速组装形成预制工作站，在施工现场建立作业流水线，进行管道加工和焊接预制；实现原材进、成品出的一条龙服务，除自动化设备外还有手工操作区，满足不同项目不同连接方式管道预制的要求；实现机电各专业管线的集成施工，提高美观度；各个专业采用统一的施工工艺，避免专业交叉作业引起的扯皮现象，现场整齐美观，真正实现了安装工程精装化施工。

装配化机房施工施工技术

项目机房一体化施工难度较高，涉及相关工序较多。通过框架选型、减震器选型、惯性基础设计、模块化装配、吊装运输等技术方案，完成装配化机房施工技术。通过BIM技术深化设计，结合标准管件、管道规范图集及厂家提供的阀门、设备参数进行模型搭建，并出具现场施工装配图、安装图，根据装配图，进行模块工厂化预制。机房模块化预制技术包括管段模块化和水泵组大模块化，实施难度大，涉及工序多。水泵组大模块将设备减振台座及设备、管道、阀部件、支架等加工成模块化模块，最大限度缩短整体工期。

标准层综合机电管线模块化施工

因项目办公区、酒店区等为标准层，综合机电管线在位置、规格型号等方面都是相同的，可利用复制粘贴的方式进行模块化施工。通过将深化设计与预制加工技术结合，在满足工厂预制的加工深度要求的同时，适应现场预留、预埋及安装等施工方案的要求。设计模型及图纸的深化设计，需按照风管、水管、桥架等各专业管道的不同标准长度，以及吊装、运输实际情况来划分模块，并设置调节段模块。机电模块加工与拼装采用虚拟仿真技术，模拟机电模块安装过程，工厂装配工人可以通过模拟视频了解、熟悉模块的装配过程并掌握操作要点，从而提高装配流水线的操作熟练度。

伸缩式卸料平台技术

为解决超高层建筑机电物资的垂直运输难题，基于传统的卸料平台进行开发设计，联合研制了新型伸缩式卸料平台，除具备卸料平台通用功能以外，还改善了传统平台安全性差、随意搭设、浪费材料、标识不明的缺点，避免了各种隐患，便于工人施工使用。主要用于T1、T3塔楼部分机电物料运输，平台宽度为2.2米至4.2米不等，可以伸出楼板外边缘4.5米，最大一次载荷5吨。

重要奖项

1. 2018 江苏省安装行业协会安装百强企业
2. 2018 江苏省建筑业竞争力百强企业
3. 2017 全国优秀施工企业

中建安装集团有限公司是全球规模最大的投资建设企业——中国建筑旗下最具影响力和核心竞争力的专业化集团公司。

公司总部位于江苏南京，注册资本金13.52亿元，现有员工7 000余人，下设20家子企业，市场经营范围遍布全国及美洲、非洲、中东、东南亚等国际建筑市场。

公司拥有石油化工工程施工总承包特级资质，建筑工程、机电工程、市政公用工程等施工总承包一级资质，钢结构工程、消防设施工程、建筑机电安装工程等专业承包一级资质，化工石化医药行业甲级、建筑行业（建筑工程）甲级、市政行业乙级设计资质，化工、石化、医药、建筑工程咨询甲级资质。公司通过了ISO9001、ISO14001、ISO45001管理体系，以及石化行业HSSE管理体系，并获得国家高新技术企业认证。

公司具备大型公建和超高层建筑机电安装、石化工程、化工设备制造安装、水务环保、电子科技智能化、轨道交通电气化、隧道装备制造、医药厂房、异形钢结构制作安装、化工石化医药工程设计与咨询、建筑技术开发、机械设备租赁等工程承包和多元化经营能力。

公司紧跟国家战略，聚焦高端市场，通过做强高端机电、能源化工及工业、城市发展更新（市政水务环保）及新型基础设施工程等主营业务，做优中建电子科技、中建轨道交通电气化、中建装备制造等特色名片，形成国际、国内两大市场，实现了投资、研发、设计、施工、制造和运营的全产业链融合发展。

地址：中国江苏省南京市栖霞区文澜路6号
电话：025-85726789
传真：025-85726900
网址：inco.cscec.com

中建深圳装饰有限公司（幕墙）

重要奖项

1. 2020 北京市建筑装饰优质工程
2. 2020 天津装饰海河杯
3. 2017 四川省建筑工程装饰奖

T1、T3 塔楼幕墙工程

中建深圳装饰有限公司（幕墙）承担了青岛国信海天中心 T1、T3 塔楼的幕墙工程的施工图深化设计及幕墙工程施工等，还包括幕墙性能测试模型及性能测试、物料供应、加工制作、机械、运送、安装、测试、等相关工作。

水平窗单元式幕墙

该项目为水平窗单元式幕墙，层间为框架式铝板幕墙，平面为六边形，东西立面上下较统一，南北立面分层旋转摆动，即上下楼层逐层不断扭转变化。因此，该项目存在大量不同的变角：其中 T1 楼每层 24 个转角，T3 楼每层 20 个转角，T1、T3 楼所有楼层合计约 300 种角度。转角角度从 100°至 176°微量变化，使项目存在大量不同的转角板块。经统计，本项目共计 8 400 个板块，其中转角板块 2 900 块，异形转角板块比例高达 35%，成倍增加了型材开模数量（整合后约 300 组模具）以及设计难度、施工难度。为使转角插接型材在角度微量变化时尽可能共用，本项目组合立柱采用带可旋转插腿式做法，保证了同种立柱能适应 ±1.5°角度变化，有效减少了型材开模数量。

异形铝板幕墙

因南北立面转角上下楼层逐层扭转变化，导致不同楼层单元板块并非在同一完成面，需通过层间铝板完成楼层扭转的过渡，导致南北立面层间均为逐渐变化的异形铝板幕墙；铝板内侧设置的二次防水镀锌钢板、防火岩棉及 1.5 毫米厚防火热镀锌钢板，也均相应地需根据变角调整尺寸。因每层转角摆动，致使每层层间钢架均需通过 3 张定位图指导施工，增加了设计工作及现场放线定位工作，且所有层间钢架均为全焊接形式，现场焊接量巨大，骨架材料的加工及安装难度也大大增加。

横滑式系统

窗单元式幕墙上下楼层单元板块不连通，且本单元板块采用横滑式系统，公母料插接方式，采用前部等压排水设计。单元板块采用下端支撑的结构体系，单元体下横梁通过铝合金单元底座横梁、铝合金底座转接槽、钢转接件固定于板预埋件（面埋）上，板块上端仅承受水平荷载，每层均单独设置排水横梁。

塔冠幕墙系统

海天塔冠幕墙系统为单元系统，转角设计为整体 L 型板块，面积约为 6 500 平方米，其中直阳角单元、内倾阳角单元、内倾阴角单元、倾斜单元约占整个塔冠单元的三分之一。因其造型独特、结构复杂、转角众多，内倾表面每个埋件的 X/Y/Z 三个方向都在发生变化，埋件的空间角度也随着钢结构在空间上偏转，并非简单的 X/Y 平面变化，需要准确的数据（角度、尺寸、放线、定位）方能保证单元板块的生产、加工、组装、安装。

  中建深圳装饰有限公司（简称"中建深装"）于1985年在深圳成立，原名中国建筑第三工程局深圳装饰设计工程公司。2007年，伴随着中国建筑集团的整体上市，企业更名为中建三局装饰有限公司，并将总部迁往首都北京。2015年，由于"一带一路"倡议的市场需要，企业将总部重新迁回深圳，并于2017年更名为中建深圳装饰有限公司。

  中建深装是建设部首批批准成立的8家国家大型建筑装饰公司之一，拥有建筑装饰设计专项甲级、建筑幕墙设计专项甲级、建筑工程施工总承包一级、建筑装修装饰工程专业承包一级，建筑幕墙工程专业承包一级、机电安装工程专业承包壹级、钢结构工程专业承包二级资质。在近几年中国建筑装饰行业百强、中国建筑幕墙行业百强上榜央企中，两项指标均高居第一，被誉为"中国建筑装饰业的先锋"。

  中建深装始终坚持走"专业团队、专业施工"之路，为客户提供最专业的服务。公司拥有相对固定的星级酒店、医院、写字楼、场馆、幕墙、灯光照明、软装饰等专业施工团队近100个；拥有自己的劳务公司，在江苏丹阳、湖北孝感等建设有自有劳务基地，并与当地签署了劳务输出战略协议，配备了近200余支相对稳定的专业劳务施工队伍。公司现有员工2 300多人，企业资产近20亿元，年施工产值近55亿元，实现了在全国30多个省市区以及巴哈马、阿尔及利亚、斯里兰卡等国外市场多领域的经营开拓，承建了众多地标性工程，鲁班奖获奖数量位居行业前列。

地址：中国深圳市罗湖区深业泰富广场A座10楼
电话：0755-82050909
邮箱：zjsz@cscec.com

中建深圳装饰有限公司（精装）

海天大酒店精装修工程

中建深圳装饰有限公司（精装）承担了青岛国信海天中心海天大酒店大堂精装修工程的施工图深化设计及工程施工等。工作范围包含海天大酒店大堂、宴会厅、宴会前厅、会议室、全日餐厅、中西餐厅、包间、康体区、客房、总统套房、行政酒廊、客房走廊及地下电梯厅、电梯轿厢等区域的精装修工程。

宴会厅施工流水化

宴会厅天花铝板安装时进行分区处理，分为ABC三组区域，作业时下方施工设施摆脱常规满堂架，搭设为回字形移动平台施工。A区施工铝板时，B区施工墙面木饰面及硬包，ABC三区循环进行合理的交叉施工，节约时间，创造生产工作面超过2 000平方米，铝板平均每4~5天完成三分之一，总施工工期节约数十天。

客房装配式施工

海天大酒店客房区域共有500间客房，19种户型，每种户型又有不同格局。面对此情况如何加快生产、下单、提高效率？项目以划零为整的思维方式，明确采用装配式施工工艺，将客房施工分为基层装配式与面层装配式。基层装配式包含木制作装配式、钢架装配式及龙骨装配式。敲定卫生间、衣帽间、影视墙、床背景墙四大定量模块，模块内的尺寸全部做定量设计，实现三大标准化：① 标准化定位，模块内的点位标准化定位；② 标准化加工，模块内的基层集中批量加工；③ 标准化排版，模块内的面层按照定量尺寸排版、批量下单。面层装配式包含整体衣柜装式方式部署酒店施工管理。最终，提高了设计工作效率、优化施工工序、降低施工难度，统一材料规格并缩短加工周期，以统一标准优质履约。

超高金属网组装

海天大酒店大堂金属网为超大超高超重金属网，通过模型推敲，决定采用装配式做法。通过结构受力计算确定方案的实施性，将金属网分割为十字和菱形拼装，并提前在工厂完成拼装；骨架上下预留可调节固定件，安装采用吊装方式，上下栓接固定金属网。

重要奖项

1. 2020年北京市建筑装饰优质工程
2. 2020年天津装饰海河杯
3. 2017年四川省建筑工程装饰奖

中建深圳装饰有限公司（简称"中建深装"）于1985年在深圳成立，原名中国建筑第三工程局深圳装饰设计工程公司。2007年，伴随着中国建筑集团的整体上市，企业更名为中建三局装饰有限公司，并将总部迁往首都北京。2015年，由于"一带一路"倡议的市场需要，企业将总部重新迁回深圳，并于2017年更名为中建深圳装饰有限公司。

中建深装是建设部首批批准成立的8家国家大型建筑装饰公司之一，拥有建筑装饰设计专项甲级、建筑幕墙设计专项甲级、建筑工程施工总承包一级、建筑装修装饰工程专业承包一级、建筑幕墙工程专业承包一级、机电安装工程专业承包一级、钢结构工程专业承包二级资质。在近几年中国建筑装饰行业百强、中国建筑幕墙行业百强上榜央企中，两项指标均高居第一，被誉为"中国建筑装饰业的先锋"。

中建深装始终坚持走"专业团队、专业施工"之路，为客户提供最专业的服务。公司拥有相对固定的星级酒店、医院、写字楼、场馆、幕墙、灯光照明、软装饰等专业施工团队近100个；拥有自己的劳务公司，在江苏丹阳、湖北孝感等建设有自有劳务基地，并与当地签署了劳务输出战略协议，配备了近200余支相对稳定的专业劳务施工队伍。公司现有员工2 300多人，企业资产近20亿元，年施工产值近55亿元，实现了在全国30多个省市区以及巴哈马、阿尔及利亚、斯里兰卡等国外市场多领域的经营开拓，承建了众多地标性工程，鲁班奖获奖数量位居行业前列。

地址：中国深圳市罗湖区深业泰富广场A座10楼
电话：0755-82050909
邮箱：zjsz@cscec.com

中建八局钢结构工程公司

建筑钢结构设计与施工

中建八局钢结构工程有限公司承担了青岛国信海天中心建筑钢结构设计、钢构件制作与现场施工工作。该项目钢结构分布于地下室，T1、T2、T3塔楼，东西裙房等，总用钢量约5.1万吨，钢结构最大板厚1.1米，最大跨度为58.8米，单件最重32吨。

SinoCAM加工厂制造技术系统

SinoCAM软件已经国家商标局认定为注册商标，产品涵盖数控板材套料、型材套料、焊接管理、钢结构制造全生命周期管理等，广泛应用于桥梁、船舶、港口机械、航空航天、海上重工、工程机械设备、建筑等钢结构制造领域。

钢结构全生命周期管理信息系统

基于PKPM第二代系统平台，以Tekla模型为基础，BIM技术为手段，充分结合云计算、大数据、物联网、二维码等技术，打通设计、采购、生产、施工等项目全生命周期的各个环节，达到提升项目质量、降低成本、提高项目综合效益的目的。

带抗剪键柱脚螺栓定位技术

筏板基础下钢筋纵横交错，且钢柱底带有抗剪键，柱脚螺栓以及抗剪键与筏板基础上层钢筋网冲突，通过对锚栓套架的设计，准确定位抗剪键位置，并设置钢筋挡板，使筏板基础上层钢筋绕过抗剪键位置确保筏板的整体性及锚栓的准确定位。

约束钢管柱施工技术

T1塔楼约束钢管内部为不连续型钢短柱，且四周无联系与支撑，现场安装固定难度大，利用约束钢管内侧纵向主筋，通过多达10点的临时支撑将型钢短柱与钢筋笼有效固定。

锯齿形边模施工技术

通过提供的板边线定位图，将各层楼承板锯齿状特征点坐标转换成施工坐标，边模依次分段，在现场放出边模样板线，进行边模的切割与折弯，借助全站仪精确复核。

裙房宴会厅钢桁架整体提升技术

宴会厅面积约2 600平方米，顶部结构由13榀箱型主桁架及纵向联系桁架组成，单榀高达5米，重约90吨，受场地制约，采用原位地面拼装后，1 100吨整体提升的方式施工。

爬模覆盖下钢梁安装技术

一种钢梁垂直运输的简易装置，操作方便可靠，大大减少了塔吊占用时间，并已在其他超高层项目推广使用。

双曲率球冠无支撑分段安装技术

本工程球冠为双曲率不规则单层网壳结构，位于T2塔楼顶部，为结构造型的点睛之笔，外部与曲面幕墙连接，安装精度要求高，现场场地受限。通过双曲率球冠无支撑分段安装技术，既保证球冠安装的质量，又节省了工期和成本。

三维激光扫描技术应用

对加工厂及到场构件进行扫描，结合扫描后数据和BIM模型，实现逆向建模并进行对比分析，提高了构件加工质量，减少后续现场安装偏差问题。

EBIM技术现场应用

利用EBIM平台进行现场施工协同管理，针对安全、质量等问题在平台进行发布问题照片，并指定责任人对其进行监督整改，做到全员参与、全员管理的管理模式。

重要奖项

1. 2020年上海建筑施工行业第六届BIM技术应用大赛（A组）三等奖
2. 2020年第四届建设工程BIM大赛二类成果
3. 2020年战略合作分包商奖杯

中建八局钢结构工程公司是中国建筑第八工程局有限公司的直营专业公司，企业拥有轻型钢结构工程甲级设计资质、钢结构工程专业承包一级资质，是一家集设计、科研、咨询、制造、施工于一体的国有大型钢结构企业。

公司下设华北、华南、华东、山东、西南、西北六个重点区域分公司，海外分公司和钢结构设计研究院。拥有一批作风过硬、业务精良、勇于创新、敢打硬仗的建筑精英。公司始终坚持"客户至上，过程精品"的指导思想，陆续承建了一批"高、大、特、精、尖"项目，经营范围覆盖海内外。卫星发射基地方面，承建了甘肃酒泉、四川西昌、海南文昌卫星发射基地；会议会展方面，承建了G20峰会主会场杭州国际博览中心、南宁国际会展中心、上合组织峰会主会场、上海国家会展中心、天津国家会展中心等项目；体育场馆方面，承建了蚌埠体育中心、南京青奥会等大赛主场馆；科教文卫方面，承建了江苏大剧院、上海迪士尼、无锡禅意小镇、普陀观音法界等国内知名文化旅游项目；超高层建筑方面，承建了天津周大福金融中心、大连裕景中心、厦门世茂海峡大厦、广州广商中心等地标建筑，持续刷新城市天际线；在基础设施领域，承建了京沪高铁南京南站、济青高铁红岛站、桂林两江国际机场、贵州龙洞堡机场、拉萨贡嘎机场等项目。此外，公司正不断强化在金属屋面、钢结构桥梁、装配式住宅、综合管廊、云轨等新业务方面的科研开发与应用。

地址：中国上海市浦东新区东方路 3261 号振华企业广场 B 座 17F
电话：021-31116517 / 021-31116500

北京江河幕墙系统工程有限公司

T2 塔楼幕墙工程

北京江河幕墙系统工程有限公司承担了青岛国信海天中心 T2 塔楼的幕墙工程的施工图深化设计及幕墙工程施工等，包括幕墙性能测试模型及性能测试、物料供应、加工制作、机械、运送、安装、测试等相关工作。

幕墙的不对称交错排布方式

根据建筑形体的特点，全楼分成东西南北四个大立面，南北立面各分两个立面。每个立面的同层幕墙单元体呈锯齿状排布，上下层幕墙单元体空间交错排布。每层一百三十多块单元体，全楼近万块单元体，都是在不同维度的立体空间中存在，无一共面。南北立面各有一条空间曲线，将其分成两个互成角度的小立面，随着曲线的摆动，两个小立面空间交错布置，两侧的单元体出现里出外进的错位效果，最大错位量 ±531 毫米。

双挂点连接受力特点

根据建筑及结构特点，幕墙单元体采用双挂点连接形式，下挂点固定到楼板面，上挂点固定到主体结构钢梁上。为减少对结构的影响，重力荷载通过下挂点传递到结构承载力较强的楼板面，而结构承载力较弱的钢梁仅承受上挂点传递的水平荷载。

幕墙单元体吸收结构偏差的方法

为有效吸收结构的偏差，幕墙单元下挂点采用三维可调的铝制连接件，保证幕墙的安装精度。为降低焊接对钢结构的影响，上挂点采用机械连接且三维可调的钢铝组合连接件，无焊接作业，节能环保。

幕墙单元体降低能耗的措施

为解决幕墙单元体空间错位引起保温性能降低的问题，选用国际领先的低传热超薄隔热材料保护外露型材，玻璃选用双中空充惰性气体的低能耗节能玻璃，所有型材采用双桥断热型材，有效避免冷桥效应。

幕墙单元系统防排水构造

单元体防排水系统充分运用等压腔及雨幕原理，结合构造防水理念，使进入幕墙单元内部的雨水有组织地分层排出室外，有效避免漏水现象发生。

北京江河幕墙系统工程有限公司（简称"江河幕墙"）成立于1999年，是集产品研发、工程设计、精密制造、安装施工、咨询服务、成品出口于一体的幕墙系统整体解决方案提供商，是全球幕墙行业领导者，全球高端幕墙第一品牌。在北京、上海、广州、成都、武汉等地建有一流的研发设计中心和生产基地，业务遍布全球二十多个国家和地区，拥有国家认定企业技术中心、国家认定博士后科研工作站、中国幕墙行业首家国际认可的CNAS出口企业检测中心，是国家高新技术企业、国家技术创新示范企业、首批国家级知识产权优势企业。

近年来，江河幕墙在全球各地承建了数百项难度大、规模大、影响大的地标建筑，荣获了包括中国建设工程鲁班奖在内的国内外顶级荣誉逾百项。其中，承建200米以上摩天大楼逾180项，包括世界第一高楼沙特王国塔（1 007米）、中国第一高楼上海中心（632米）、北京第一高楼中国尊（528米），以及天津周大福金融中心、武汉绿地中心、广州东塔、深圳华润国际商业中心、迪拜无限塔、阿布扎比天空塔等地标建筑；承建大型文化、金融、商业综合体逾千项，包括"全球十大最强悍工程"之一中央电视台新址、上海世博文化中心、澳门梦幻城、新加坡金沙娱乐城、阿布扎比金融中心、卡塔尔巴瓦金融中心等地标建筑；承建大型交通枢纽逾50项，包括中国四大直辖市五大机场、北上广三大枢纽火车站、阿布扎比国际机场等地标建筑。

江河幕墙秉承绿色建筑理念，依托技术领先、品质领先、服务领先、成本领先之竞争优势，以全球精品工程，铸就幕墙行业典范，持续缔造城市建筑传奇。

地址：中国北京市顺义区牛汇北五街5号
电话：010-60411166

苏州金螳螂建筑装饰股份有限公司

青岛瑞吉酒店公区等区域精装修工程

苏州金螳螂建筑装饰股份有限公司承担了青岛国信海天中心精装修工程（第一期）的施工图深化设计及精装修工程施工等。服务范围包括青岛瑞吉酒店公区、裙房商业广场、T2办公大堂、T2办公空中大堂、T2办公及租户区、电梯轿厢等区域精装修工程。

实样制作

在施工前期，项目部制作了大大小小20余件实样，既能直观地体现设计意图，也能充分考虑细节收口，方便后期施工调整。

绘制全控图

在施工过程中，项目部绘制全控图对单独空间进行收口考虑，结合现场三维放线，统一尺寸，提前下单，保证了加工时间也为工期提供了保障。

海天MALL穿行店的施工

整个项目中最大的难点就是海天MALL穿行店的施工，从中庭脚手架的搭设，到穿行店钢架基层制作，项目部利用BIM模型及全站仪放线，环环相扣，保证了每个穿行店的最终落地。

施工节点

在施工过程中，项目部设立了各个施工区域的施工节点，对工人进行技术交底，以保质保量地完成各个阶段的施工节点。对于施工现场，项目部做到整体上的三管三控，细节上做到图纸上墙、技术交底、三维放线等。从前期策划到施工现场管控层层递进，促使项目有条有序地进行。

办公楼电梯厅电梯门框整装

根据原方案电梯厅不锈钢门套的设计，电梯副框和不锈钢门套是分开的。安装完成后，不锈钢门套压侧边副框，大小不一且漏缝，门头板与侧边及副框拼接安装时相互剐蹭，出现表面油漆受损等问题。为了解决以上问题，同时考虑到电梯门框方案效果，把门头板与侧板整装固定，统一安装，最大程度避免了所有问题，使得效果更加美观，并且极大地提高了安装效率。

青岛瑞吉酒店中庭艺术背景墙

根据业主要求及设计师概念，中庭艺术背景墙来源于海浪冲击海滩形成的景象，公司利用犀牛软件绘制出总体效果，与业主及设计师多轮沟通决定使用GRG做造型基层，使用贝壳马赛克点缀，形成最终效果。

青岛瑞吉酒店冷连接技术

为减少现场动火作业，降低安全风险，通过螺栓连接提高钢架隔墙抗震抗裂性能，运用产品化加工，提高人工工效。

重要奖项

1. 连续17年被中装协评为中国装饰百强第一名
2. 鲁班奖113项，全国装饰奖405项
3. 中国民营企业500强，中国服务业企业500强企业

苏州金螳螂建筑装饰股份有限公司（简称"金螳螂"）成立于1993年，总部设在苏州，经过近30年的发展，形成了以装饰产业为主体的现代化企业集团，公司员工近2万人，是绿色、环保、健康的公共与家庭装饰产业集团。

金螳螂深耕装饰产业，业务遍及全国及部分海外市场，具备室内装饰、幕墙、景观、软装等全产业链设计施工服务能力，为业主提供"一次性委托、全方位服务"的一站式服务。集团公司拥有6 000多人的设计师团队（其中1 600多名外籍设计师）。其中，下属子公司HBA是一家专注酒店室内设计的公司，总部设在美国洛杉矶。

金螳螂重点培育科技文化板块。旗下的朗捷通智能公司是一家集行业解决方案、自主软硬件研发、系统集成与服务于一体的高新技术企业，业务覆盖楼宇智能、智慧城市、智慧交通、智慧建筑、智慧医疗等多个领域。

近年来，金螳螂围绕主业，在转型升级和多元业务中扎实推进。金螳螂家装电子商务有限公司成立以来，以"精装科技""品宅""金螳螂·家"三个品牌，在智能家装、互联网家装、住宅装饰及定制精装等领域取得突破。

地址：中国江苏省苏州市姑苏区西环路888号
电话：0512-68508000

土建精装

东亚装饰股份有限公司

海天公馆精装修工程

东亚装饰股份有限公司负责青岛国信海天中心T3塔楼海天公馆精装修工程，包括地下车库入口电梯厅、海天公馆大堂、5层会所、7—31层入户电梯厅及户内、轿厢等区域精装修。海天公馆包含大量不规则造型，材料复杂多样，施工难度大，节点繁多。为保证施工质量，降低材料损耗，运用了BIM等软件指导施工。

现场施工通过BIM技术与深化设计的应用，加强对设计效果的控制，降低施工难度，提升施工效率，推动项目高效高质量的运作。BIM技术的运用将点、线、面形成清晰的体量关系，通过三维视图效果更加直观地解决了材料碰撞等收口问题，既提升了整体装饰效果，又增加了细节的精致感。同时，深化人员在施工前期跟进设计，贯彻原设计理念，配合设计深化、材料梳理，并深入了解现场，对相似户型进行定变量应用，形成模块化放线、施工，简化施工难度。公司也对材料进行把控，与业主及设计师沟通进行选样，对材料之间质地变化、碰撞效果进行探讨，所有天然材料（如石材等）从挑板、选板、预排等阶段进行系统性追踪与工艺对接，在人为调控下使呈现效果更加浑然天成。

另外，项目部通过场铺图的运用，将区域内地面、顶面等不同材质进行区分，对面层材料进行分类统计并对面层施工顺序进行划分。场铺图非常直观地将信息要素展现给项目部，使区域内关键节点交底传达更加高效，通过不同色彩的标注形成醒目的视觉区分，使工作更加清晰，更具条理。施工顺序在场铺图绘制过程中已经全部确定，从而提升了项目部运作效率，保证了工期。

项目部根据BIM及深化图纸在现场进行1:1放线，将图纸中的所有材料内容、出墙尺寸等标注全部在现场展现，业主、项目部可以更加直观地感受预设效果。在面层施工前，通过对墙面、顶面的末端设备进行强制定位，确保末端设备安装成排成线、分布均匀，完美地呈现设计意图。

重要奖项

1. 全国优秀施工企业，全国建筑装饰百强企业
2. 中国建筑工程鲁班奖
3. 中国土木工程詹天佑奖

东亚装饰股份有限公司现为中国建筑装饰协会副会长单位，山东省建筑装饰协会副会长单位，拥有建筑装饰工程专业承包一级、建筑装饰设计甲级、建筑幕墙工程设计与施工一级、展陈设计与施工一体化一级等专业资质，集钢结构、机电设备安装、木制品、石材制品、幕墙制品生产基地于一体，同时公司下设专业装饰设计院，打造建筑装饰装修行业的全产业链优势。

近年来，东亚装饰承建了青岛上合峰会多个主要场馆、青岛胶东国际机场，国际院士产业核心区先导区，青岛地铁项目，青岛国信海天中心、国家海洋实验室等多个精品工程。响应国家方针，东亚装饰积极实施"走出去"战略，在济南、北京等多地和海外均设有分支机构，承建了国家速滑馆、西藏日喀则市政府办公楼、阿尔及利亚世界贸易中心大厦、利比亚岗福德项目等大型工程，被青岛市住房和城乡建设局授予"开拓外埠市场十强企业"。

未来，东亚装饰将不断打造精品建设能力、开拓市场领域，坚持务实、责任、卓越、共赢的经营理念，为成就一个客户满意、员工自豪、行业领先、回报社会的企业品牌而不懈努力！

地址：中国山东省青岛市市北区山东路 168 号时代国际广场 24 层
电话：0532-80939888
邮件：dyzs@chndyzs.com

德才装饰股份有限公司

观光层等区域精装修工程

德才装饰股份有限公司负责青岛国信海天中心T2塔楼观光层、T3塔楼海天公馆等区域精装修工程，包括T2楼B1层观光入口、80层云上艺术中心、81层城市观光厅、82层云端钻石CLUB、观光层轿厢、T3塔楼海天公馆33-54层入户电梯厅及户内等。

在超高层混凝土承重柱体上打膨胀螺栓焊接钢架的传统工艺，会影响承重柱体的结构强度和原有抗破坏性。德才装饰采用科学的组织、先进的技术管理方法，经过多次方案试验与技术论证，最终采用柱体钢质抱箍法作为饰面材料（石材、硬包、树脂板材）的基层加固方式，确保精装饰面的牢固度、美观度，缩小了完成面尺寸，保证了装饰效果，给业主带来空间最大化利用。

针对石材地面施工的工序不合理、施工养护工艺不到位产生的空鼓和防护不到位所产生的泛碱现象，项目部经过多次试验，有了成熟的工艺做法和质量控制标准，以下为相关工序和做法要点：①根据现场完成面尺寸控制排版图，进行石材分列放线；②石材加工前到厂家看大板，后续加工过程由管理人员驻厂监督；③石材加工在厂里进行预排，确认品相过关后对石材进行编号并做全面防护；④石材出厂按铺贴顺序统一编号并分类包装；⑤石材到达施工现场后，开箱检查有无损坏、断裂、崩角等现象，损坏石材严禁上楼并做好编号统计，通知厂家立即补货；⑥石材铺贴前需对地面基层进行质检，确保地面基层无开裂、空鼓现象，且地面基层无浮尘垃圾后，涂刷地固剂，加强基层与石材黏结剂的拉结强度，避免石材与基层出现空鼓现象；⑦石材铺贴必须使用专用石材粘接剂（浅色石材使用白色石材粘接剂）配合锯齿镘刀，将粘接剂刮成条状，地面与石材必须双面刮粘接剂，然后将石材就位揉、挤、震实；⑧地面石材铺贴完成后，用厚塑料薄膜满铺，加盖保护板，同时所有工种施工禁止使用铁梯，木梯脚需用保护膜包裹密实，以防止划伤石材。

重要奖项

1. 2020 中国建设工程鲁班奖
2. 2020 国家优质工程奖
3. 2020 中国建筑工程装饰奖

　　德才装饰股份有限公司成立于 1999 年，自 2005 年始快速发展，是一家集工程建设、装饰装修、规划设计、新材料研发与生产于一体的大型建筑企业。公司涵盖三大业务领域：施工领域、设计领域、科技园区领域。

　　德才装饰下设六个中心（青岛中心、北京中心、伦敦中心、华东中心、华南中心、西南中心），同时在全国多地设有分公司，业务涵盖全国七大区域。作为中国驰名商标、北方知名的装饰品牌，公司凭借雄厚实力和专业技能成功承接了北京奥运会、上合组织青岛峰会等大型场馆，北京机场、青岛机场、青岛地铁、长沙铜官古镇、扬州市科技馆、厦门威斯汀酒店、海南淇水湾、成都量力健康城、杭州长龙领航城、镇江金山寺、重庆缙云寺、伦敦国王十字车站等诸多国内外地标性建筑，同时承接了海尔地产、保利地产、中海地产、龙湖地产、金茂地产、苏宁地产、华润地产、鲁能地产等高档住宅的精装修工程。

　　2020 年，德才装饰在全国建筑装饰行业位居第三名，全国建筑装饰设计行业位居第四名，全国建筑幕墙行业位居第五名，连续 15 年位居山东省首位，同时公司以突出的业绩、雄厚的实力荣获了中国建筑工程鲁班奖、国家优质工程奖、中国建筑工程装饰奖、全国科技示范工程奖、全国科技创新成果奖、中国驰名商标、国家级高新技术企业、国家级守合同重信用企业、国家级知识产权优势企业、中国民族建筑百强企业、中国民族建筑优秀企业、中国建筑装饰协会 AAA 级信用企业等多项荣誉。

地址：中国山东省青岛市崂山区海尔路 1 号甲海尔云谷 5 号楼德才大厦
电话：0532-85896535
邮箱：qddecai@126.com

青建集团股份有限公司

土石方及基坑支护工程

青建集团股份有限公司是青岛国信海天中心项目土石方及基坑支护工程施工方，负责红线范围内土石方工程（含石方爆破方案设计及评审）、基坑支护工程、某坊、降水等工作，协调项目周边的社会关系。

青岛国信海天中心基坑工程为青岛市最深、最大的基坑工程，基坑开挖深度约22~27米，基坑周长约760米，土石方量约70万立方米，全部外运。

合理规划现场道路

工程占地面积大，平面面积约3万平方米；工程体量大，土石方量共计70万立方米；基坑深度大，北侧最深处为27米；整个工程施工组织难度大，需要合理规划好现场道路、现场坡道及施工顺序，不仅要保证支护面能够流水施工、土石方开挖及外运施工道路通畅，还要保证现场留设的坡道能够满足现场施工需要及后续主体施工时的工程总体部署和安排。

加强控制爆破法

工程周边环境复杂，各种地下管线错综复杂，周边建筑距离很近，且青岛市地铁3号线隧洞与基坑平行穿过，对于爆破施工的技术提出了很高的要求。工程制定了在临近基坑周边5~10米范围内采用加密布孔、单孔小药量、单段爆破少连孔的加强控制爆破方式，在向内6~25米范围内采用控制爆破方式，在基坑中间部位再采用普通浅孔松动爆破的方式。在每次爆破后，根据现场实际情况和所测定的爆破震速，调整孔深、孔距、单孔装药量、爆破连接段数、单次起爆最大药量等参数，保证下次爆破施工时的震速符合方案要求。

垂直沉降、爆破震速的监测

因临近地铁隧道，爆破施工可能对地铁隧道的混凝土结构产生影响，根据青岛市轨道交通管理办法和青岛市地铁公司要求，施工期间在地铁隧道内必须进行隧道结构的水平位移和垂直沉降、爆破震速的监测。为监测花巨资引进了进口的自动化测量全站仪，又因地铁隧道内无传输信号，只能在地面设置信号基站，通过井道使用明线接设到在隧道内的监测仪器处，进行有线数据传输，到达地面后再使用无线传输至勘察院机房，进行数据分析后出具报告。这在青岛土建施工中属于首例自动化监测项目。

定位技术

基坑深度大，钢管桩长度长，垂直度控制难度大。为了实现钢管桩成孔垂直度的控制，首先在孔位定位时，使用全站仪定位，并且使用其他坐标点进行复核，保证位置准确。钻机定位准确并且必须牢固，将地面平整后放置钻机，稳定后将钻杆固定牢固，垂直度使用直角尺进行测量。钻杆在使用前，使用水平尺检查钻杆的垂直度，不符合要求立即调整，不得将弯曲的钻杆用于工程施工。施工过程中，如果遇到碎裂层或者软弱不均层，应降低钻孔速度，使用0.3倍的正常速率进行钻进，并且钻进0.5米左右就提杆清孔，尽量减少碎石对钻杆的位置和垂直度的影响。

重要奖项

1.2019 ENR 全球最大250强国际承包商第56位
2.2019 中国企业联合会中国500强292名
3.2017 全国用户满意企业证书

青建集团股份公司（简称"青建"）成立于1952年，主要从事国内外工程承建、地产开发、金融投资、物流贸易、设计咨询等业务。

青建是全国首批通过房屋总承包特级资质重新就位的15家企业之一，位列"中国企业500强"第292位、"ENR全球最大250强国际承包商"第56位，2005年获得"全国质量管理奖"，是第三家获奖的建筑企业；2011年获"山东省企业管理奖"；2012年获青岛市首届"市长质量奖"。近年，公司获得"全国优秀施工企业""全国用户满意企业"等各类省级以上荣誉千余项。

青建拥有行业内山东省首个、国内领先的国家级技术中心；设立了行业内山东省首家博士后科研工作站、青岛市建筑业首个院士工作站；累计开发完成90余项国内领先以上水平的科技成果；荣获省部级以上科技奖400余项，"沿海混凝土结构耐久性理论及应用技术"等2项技术荣获国家科技进步二等奖，"临海复杂地质条件旋喷桩止水帷幕技术"等11项工法获评国家级工法。

青建集团秉承"建筑艺术精品，创造和谐空间"的企业使命。立足"诚信敬业、创造卓越、合作共赢、和谐发展"的核心价值观，青建愿与您携手共创美好未来。

地址：中国山东省青岛市市北区堂邑路11号
电话：0532-88257999
邮箱：cnqc@cnqc.com

智能机电

同方股份有限公司

青岛瑞吉酒店及大物业区域智能化工程

同方股份有限公司负责青岛国信海天中心项目青岛瑞吉酒店及大物业区域的智能化工程，结合超高层建筑体量大、子系统多、综合功能强的特点，为项目搭建了包括 IBMS、大安防系统、能源管理系统、智能家居系统、客房控制系统、机房工程等 20 余个智能化子系统。

无卡通行方案

通过人脸识别技术可以在速通门、门禁、餐厅等区域实现无感通行、消费。访客可通过公众号或 App 发放的二维码在授权区域通行。T1 塔楼办公区域配置的智能照明系统，通过照度传感器、动静传感器、智能开关等设备，可以对办公区亮度进行自动调整；在非办公时段，通过无感关灯达到节能的目的。餐厅区域配置了智慧餐厅方案，用餐前可以提前确定餐厅人员密度，避峰就餐；用餐时，通过人脸识别无感缴费。会议系统采用差异化、经济实用的原则进行配置，不同功能会议室采用不同的设计方式；会议预约系统允许多种模式预约会议室，搭配会议提醒以避免缺席重要会议；智能会议通过预约可提前自动开启设备，并设有会议签到、免打扰、会议结束提醒及延时处理等功能；会议故障监视及保修有效减少会议设备管理人员的工作量及人数。

人脸识别速通门，同时呼叫电梯

工作人员通过闸机时，闸机会自动呼梯并显示对应的电梯号，无需在电梯间进行呼梯。T2 塔楼青岛瑞吉酒店区域配置了国际先进的客控系统，实现了无卡取电功能，客人无需插卡取电，正常刷卡进门后即可用电，人员离开后自动断电。

智能家居系统

T3 塔楼海天公馆客户通过手机、平板等电子设备可以直接控制户内电器，并可以通过配置智能语音音箱进行语音与远程控制。同时，还配置了智能室内对讲主机，通过对讲主机可以对智能家居设备进行控制，也可以根据权限实时观看公共区域的监控画面；在外出时，可以通过室内对接主机进行一键呼梯，省去等待电梯的时间。

全视频解决方案

地下停车场通过视频图像处理技术，实现"车位+车牌+车辆"三重探测，一方面有利于场内车辆周转，提高停车场的使用率和经济效益；另一方面提升停车场管理水平，降低管理人员成本。在地下室区域还布置了蓝牙信标，客户可以通过手机连接蓝牙信标，进行导航寻车。监控系统配置了智能视频分析系统，可以对公共区域的摄像机进行配置，实时对画面进行分析，在后厨区域，可以实现诸如消毒机监控、人员着装卫生规范监控、餐厅卫生环境报警等功能。

BIM 技术

通过 BIM 模型可实现机房、弱电间或其他重点区域设计成果的三维可视交底、施工方案模拟、实施过程实时比对，大大减少由于二维图纸不直观造成施工时方案与现场不匹配的问题；通过 BIM 技术实现软件端按类别生成设备、主材清单，用于准确跟踪把控所有设备或主材的型号、尺寸、安装部位、数量，实现精细化施工管理。基于 BIM 的信息化交付和运营维护，在施工阶段按数字运维标准进行建模，在系统集成阶段实现 BIM 模型与智能化各系统点位进行数据绑定，在运维阶段实现弱电智能化系统的数字孪生，为海天项目增值赋能。

重要奖项

1. 2020 企业 AAA 级信誉等级证书
2. 2019 中国数字生态大会智能建筑方案商 50 强
3. 2019 中国智能建筑行业最具影响力品牌

同方股份有限公司成立于1997年6月25日,是由清华大学出资成立的高科技上市企业。2019年12月31日,公司控股股东由清华控股变更为中核资本,实际控制人由教育部变更为国资委。

同方股份形成了以产权关系为纽带、以技术注入为手段、以成果转化为目标的"技术+资本"的发展战略,打造由科技产业、创新孵化、金融支持共同构建的"一主两翼"发展格局,构筑了信息、安全、节能环保等与国计民生密切相关的主干产业集群,源于"中国智造"的技术、产品和服务已遍及五大洲一百余个国家和地区。

依托中核集团、清华大学和其他科研院所的科技和人才平台,同方股份参与共建了多个国家级工程研究中心、联合实验室,通过产学研用一体化发展路径,致力于中国高科技成果的转化和产业化,履行"科教兴国、产业报国"的使命。

目前,公司拥有海内外专利5 000余项、计算机软件著作权登记800余项,累计获得国家及省部级科学技术奖百余项,承担国家科技攻关项目和科技重大专项超过300项,被授予"国家高新技术企业""信息系统集成及服务行业大型骨干企业""中国电子信息百强""中国软件和信息技术服务综合竞争力百强企业""中国电子信息行业创新能力五十强企业""中国企业信用100强"等荣誉称号。

地址:中国北京市海淀区王庄路1号清华同方科技广场
电话:010-82399988
传真:010-82399765
网址:www.thtf.com.cn

中建电子信息技术有限公司

重要奖项

1. 2019中国建筑业协会企业信用等级3A证书
2. 2019中国智能建筑行业 - 十大领军企业
3. 2019中国智能建筑行业工程百强企业

海天大酒店及大物业区域智能化工程

中建电子信息技术有限公司负责青岛国信海天中心项目海天大酒店及大物业区域的智能化工程，结合超高层建筑体量大、子系统多、综合功能强的特点，为项目搭建了包括IBMS、楼宇自控、能源管理系统、机房工程等20余个智能化子系统。

青岛国信海天中心业态组成众多，智能化系统齐全，具有高度集成、智慧管理的设计特点。

海天大酒店大宴会厅配置了完备的扩声、投影、视频会议、五国同声传译系统，并设置有可支持4种舞台模式的灯光吊架系统，具备召开大型宴会、大型国际会议的条件。另有多功能厅、多种中小型会议室，满足了不同的会议需求。

海天MALL可以通过客流系统来监测每个商户店铺的客流和顾客，洞察消费者需求。运营者可以清楚地了解顾客去了哪里、在哪里停留，并分析顾客的位置分布和逛店行为，如顾客游逛深度、游逛偏好、顾客偏好、滞留时间等特征，知道顾客关注哪些品牌，更愿意去哪些业态区域，什么时间段客流的进店率高，甚至知道不同的品牌组合对顾客的吸引力。

对客流动态细节的精准把握还可进一步优化商场的场内客动线，使顾客在购物中心内部更加有效地流动，从而带来更多的销售机会。同时，最大化地利用购物中心的场地店铺资源，让购物中心的经营面积发挥最大的经济效益。

通过详细的商户客流数据（集客能力、逛店时间等），结合其销售、租金等信息，可以对商户的经营能力进行评估诊断，帮助商户经营改善和提升，并淘汰存在经营风险的商户，保证租金安全，降低空置率；为招商定价、谈判提供数据依据，在业态搭配和品牌调整上也具有重要的作用。

在运维阶段，可采用移动设备对隐蔽处管线或设备进行实时检测反馈，及时准确发现问题点，对重要设备可跟踪维护历史记录，维护维修过程可以快速反应、高效处理，保持建筑长久良好的运营状态。

通过物联网技术，将智能家居、建筑设备监控、智能停车等智能化子系统有机地结合在一起，实现机电设备的自动控制，并进行集中监控、管理，达到维护高效管理的准确、时效和安全。

  中建电子信息技术有限公司（简称"中建电子"）由中国建筑工程总公司于 1995 年投资组建，是在国家工商总局注册成立的国有全资控股企业，目前为中建安装工程有限公司的直属全资子公司。

  经过近 20 年的发展，中建电子的智能化业务已经成为国内建筑智能专业领域的佼佼者。工程资质涵盖：电子与智能化工程专业承包壹级 / 建筑机电安装工程专业承包叁级；建筑智能化系统设计专项甲级；安防工程壹级；全国建筑业 AAA 级信用企业；涉密信息系统集成甲级（综合布线 / 安防监控）；计算机信息系统集成壹级；环境管理体系认证证书；职业健康安全管理体系认证证书；质量管理体系认证证书。目前，为中国建筑业协会智能建筑分会常务理事单位，中国勘察设计协会工程智能设计分会常务理事单位，在权威官方排名中名列前茅。

  中建电子在设计和营造智能建筑工程方面积累了丰富的理论与实践经验，汇集了楼宇自控系统、综合布线系统、安全技术防范系统、卫星接收及有线电视系统、计算机网络、无线及微波通信系统、项目管理、电子工程概算等各类专业技术人才数百人；建立起了一整套服务保证体系，对系统规划、方案论证、工程设计、安装调试、技术培训、售后服务等各个环节采取规范化和标准化的现代企业管理模式。

地址：中国北京市海淀区西三环北路 87 号 15 层 3-1506
电话：13911619965
网址：www.cscecee.com

日立电梯（中国）有限公司

电梯供应商

日立电梯（中国）有限公司是青岛国信海天中心项目 102 部电梯的供应商，负责电梯、自动扶梯工程的深化设计制造、运输、安装、调试、验收及保修等。客梯提升速度最高 8m/s；观光层客梯提升速度为 8m/s；消防梯 / 服务梯提升速度最高 6m/s；扶梯提升速度为 0.5m/s，提升高度最高 6 米。

目的地楼层选层系统——传统的电梯操作步骤多，先选择上下行走的方案，进入电梯后选择目的楼层。而目的地楼层选层系统利用智能化与可视化系统，用户只需要在电梯操作屏幕上选择目的楼层，甚至可对访客设置为选择前往的功能区域，例如餐厅、大堂与停车场，系统即刻会匹配楼层与相应的电梯，更高效、便捷。目的地楼层派梯系统通过智能分组，可将相同目的楼层的乘客分配到同一电梯上，并结合海天中心 T2 塔楼的门禁刷卡系统，刷卡后即刻匹配相应电梯，比传统目的派送电梯派送效率提升 50%。

高速电梯——电梯以 8m/s 运行，为减少高速带来的影响，电梯采用了流线型整流罩，形似高铁车头，避免高速电梯运行过程中像活塞运动一样产生的振动和气压变化；另外采用可调节式结构的高性能导靴导轨，抵消运行过程中产生的共振，使乘坐电梯感觉如履平地，避免强大的阻力与气压引起的头部与耳部的不舒适。

重点奖项：
1.2019 年全国政府采购电梯最佳服务品牌
2.2020 年全国电梯行业质量领先品牌
3.2020 年全国产品和质量诚信示范企业

日立电梯（中国）有限公司成立于 1995 年，由株式会社日立制作所和广州广日股份有限公司共同投资建立，是日本日立电梯在中国唯一制造商。经过 25 年的发展，日立电梯（中国）有限公司年目前产能超过 10 万台，年销售收入达到 190 亿人民币，分公司超过 80 家，员工总人数超过 17 000 人，成为国内最大的电梯制造商和服务商之一。公司拥有亚洲研发中心、上海研发中心、扶梯研发中心，日立电梯电机、日滨科技 5 大研发基地，与日本日立 G1-TOWER 试验塔遥相呼应，形成了 5+1 全球研发体系。在制造领域，公司拥有广州大石、广州科学城、上海、天津、成都 5 大制造基地。目前在全国排名前 20 的房地产企业中，日立电梯与 12 家保持长期战略合作。未来，在传统电梯业务发展的基础上，公司将电梯产品设计延展至全方位的智慧楼宇交通管理，围绕电梯构建楼宇的生态圈，全面提升客户体验。结合不同的建筑属性提供定制化的楼宇立体交通解决方案，例如实现电梯与服务型机器人的联动。

地址：中国广东省广州市天河北路 233 号中信广场办公楼 62 楼
电话：020-38770662
传真：020-39908001

超级双轿厢电梯供应商

奥的斯电梯（中国）有限公司是青岛国信海天中心项目 4 部双轿厢电梯的供应商，负责电梯的深化设计制造、运输、安装、调试、验收及保修等。4 部可调距双轿厢电梯，梯速 6m/s。超级双轿厢电梯在国内外为数不多，该电梯采用奥的斯电梯公司最新的超高速电梯无脚手架工艺的安装方法。

超级双轿厢电梯可一次承载 42 人，运载能力比普通客梯高一倍。速度最高达 6m/s，即使上下班高峰期，平均等候时间不超过 35 秒。作为穿梭电梯，可解决上下班高峰期高楼层办公人员快速运转问题，运载能力比普通客梯提高一倍。且与普通双轿厢电梯不同，超级双轿厢电梯可以在运行过程中通过上下两个轿厢之间的连锁装置调节轿厢之间的距离，抵消不同层高楼层间的高差，实现安全运载。海天中心采用奥的斯超级双轿厢电梯，是目前国际上案例最多、技术最成熟的可变间距双层轿厢电梯产品，可以做到在运行过程中平稳切换，保证垂直通勤过程中的舒适安全。

奥的斯电梯公司是由电梯发明者伊莱沙·格雷夫斯·奥的斯先生于 1853 年在美国创立。160 多年来，奥的斯电梯始终保持着电梯业界的领先地位，一直致力于研究、开发、制造、安装、维修、保养、更新改造电梯、自动扶梯、自动人行道等运输系统，是全球最大的电梯、扶梯及人行走道的供应商和服务商，其产品占全球市场份额的 27%。

奥的斯电梯致力于通过创新产品和数字化的服务，为每一位乘客提供安全舒适的乘梯体验。目前，有 200 万部奥的斯产品在全球 200 多个国家和地区运转着，每三天就能运载全球人口一次。从纽约帝国大厦到巴黎埃菲尔铁塔，从迪拜哈利法塔到上海东方明珠电视塔……全球 20 座著名地标性建筑中，有 12 座使用了奥的斯电梯。2020 年 4 月 3 日，奥的斯电梯公司（NYSE:OTIS）顺利完成与联合技术公司（NYSE:UTX）的分拆，并在纽约证券交易所挂牌上市。在中国，奥的斯电梯通过 OTIS 和 OTIS ELECTRIC 两大品牌为客户提供优质的产品和服务。

地址：中国上海市浦东新区东育路 255 弄 4 号前滩世贸中心（1 期）A 栋 16 楼
电话：400 818 5588 / 800 818 5588
网址：www.otis.com/zh/cn

奥的斯电梯（中国）有限公司

智能机电

智能机电

安利玛赫高层设备（上海）有限公司

建筑维护系统（擦窗机）

安利玛赫高层设备（上海）有限公司是青岛国信海天中心项目7台擦窗机及1台单轨动力吊篮的供应商，工程范围包含擦窗机设备制造供货（含备品备件和专用工具）及相关服务（包括但不限于设计、深化设计以及结合幕墙做的优化设计、设计联络、认证、放样检验及试验、包装、运输、清关、保险、仓储、交货、安装、单机和系统调试、联合调试配合、验收配合、人员培训等）全过程。

海天中心三座塔楼独特的美学设计赋予了大楼外观波浪形的韵律感，同时也带来了复杂的不规则外立面、倾斜面等一系列的挑战，要求擦窗机系统兼具实用性并满足视觉上的隐藏性，CoxGomyl成功应对了这一系列挑战。为实现外立面全方位覆盖，CoxGomyl为三座塔楼共提供了7台擦窗机系统。

CoxGomyl为其中两座高度较低的塔楼各提供了2台设备，分别为一台轨道式擦窗机和一台固定式擦窗机。这4台擦窗机均配备了3级伸缩臂，最大臂长可达20.75米，通过伸缩大臂、旋转大臂和俯仰大臂等，可使吊篮到达远近不同的区域，实现外立面的全覆盖。其中两台擦窗机还配备了升降立柱，通过升降立柱，不仅能够保证设备吊篮安全进出高低不同的女儿墙，还能满足相关的设备隐藏要求。

主塔楼高达369米，独特的造型设计带来了额外的挑战，其有限的屋顶空间也给擦窗机的设计带来了很多限制，CoxGomyl为这座超高层塔楼提供了3台擦窗机，其中2台固定底座式设备，配有升降立柱、五节俯仰伸缩臂、独立物料吊钩和独立的升降吊船；位于塔楼屋顶的另外一台固定底座式设备，则配有升降立柱和三节伸缩臂，且拥有独立物料吊钩。

另外，当吊篮下降较长距离（超过300米），由于钢丝绳拉伸不一致的特性，如何保证吊篮始终处于水平状态将成为一个难题。为了解决这一难题，CoxGomyl采用了钢丝绳补偿器系统。通过安装在吊篮上的感应器对吊篮的水平状态进行不间断的监控。为了修正任何的细小绳索放松偏差，该系统将会自动对倾斜的一侧进行钢丝绳长度的微调。整个执行过程通过一个螺旋千斤顶来完成。

塔楼凹凸不规则的波浪形外立面使得常规的防风销使用困难，为了应对这些状况，CoxGomyl在吊篮上特别配置了软绳系统，采用了全新设计的"甜甜圈"防风安全装置，提高了吊篮的安全可靠性，进一步确保吊篮内工作人员的安全。

另外CoxGomyl擦窗机配备的独立物料卷扬系统不但能够提高设备的安全可靠性，也可以为大楼后期的维护充当小型的起吊装置。其升降速度与吊篮一致，可以单独在吊篮内控制，以实现玻璃单元板在提升、转移和更换过程中灵活操作，提高了幕墙单元体维护的效率，避免材料与操作人员同在吊篮内的安全隐患，减小吊篮的承载。

  安利玛赫高层设备（上海）有限公司（简称"安利玛赫"）于 2005 年成立，是 Alimak 集团在中国设立的直属分支机构。Alimak 集团 1948 年于瑞典成立，总部设立在瑞典斯德哥尔摩，是全球领先的专业垂直运输解决方案的市场领导者，在 100 多个国家拥有业务、研发、制造、销售和垂直输送服务解决方案，致力于为客户提供更安全、更高效、更佳性价比的解决方案和服务。Alimak 集团在 100 多个国家 / 地区拥有遍布全球的销售公司和分销商。全球销售网络能让公司更靠近客户，充分理解客户，以了解市场，加强与客户的长期合作关系，提高服务质量。安利玛赫负责直营 Manntech 及 CoxGomyl 两个品牌的建筑维护解决方案，均为 Alimak 集团旗下品牌。双品牌结合为客户提供最为可靠高效的解决方案。安利玛赫提供一站式的全方位服务，拥有经验丰富的设计、管理、安装、维保团队，确保方案设计、现场施工、设备维护等各个环节的顺畅运行，在上海、北京、广州、深圳、青岛等多地设有维保中心，能够及时解决客户的后顾之忧。"安全永远是首要任务，无论是内部团队，外部客户和产品使用者。"建筑维护系统关系到每位用户的生命安全，安利玛赫始终将"安全"放在第一位，不仅是产品，在每一个工作的地方，每个步骤都是如此。安利玛赫在全国范围内拥有众多标志性的项目建筑案例，如：荣获"第 16 届全球高层建筑奖之'十年特别奖'"的上海环球金融中心，全球第三高楼的上海中心大厦，长江以北第一高楼的天津周大福金融中心，首都 CBD 核心的北京国贸大厦，深圳高科技园区新地标的汉京中心，广州"双子星塔"之一的周大福金融中心，中国当代十大建筑之一的中国尊大厦，深圳标志性摩天大楼——京基 100，西部第一高楼——重庆嘉陵帆影，青岛黄金海岸线新地标——海天中心，珠海第一高楼——横琴国际金融中心，南京最具现代感的地标建筑——南京青奥中心。凭借高质量的设备及高水平的售后服务，安利玛赫公司收到了来自客户和业主的一致赞扬，在业内斩获多项荣誉，拥有良好的口碑和较高的知名度。

ALIMAK GROUP

地址：中国上海市浦东新区浦电路 370 号宝钢大厦 1106 室
电话：021-68412988

运营与服务

富尚（上海）资产管理有限公司
万豪国际集团
青岛国信商业资产管理有限公司
青岛习远咨询有限公司
青岛国信上实城市物业发展有限公司
兴业银行股份有限公司青岛分行
中路财产保险股份有限公司青岛中心支公司
中国银河证券股份有限公司
海通证券股份有限公司
山东世元工程管理有限公司
青岛国信传媒股份有限公司
青岛国信会展酒店发展有限公司
北京东方博文广告有限公司
港基创意模型设计（深圳）有限公司

金融管理

富尚（上海）资产管理有限公司

运营管理体系搭建及BOMA认证

富尚（上海）资产管理有限公司（简称"富尚资产"）是以资产运营和房地产投融资为核心业务的专业顾问公司，负责青岛国信海天中心项目国际化资产运营管理体系搭建及BOMA认证，通过国际资产运营管理体系及标准的搭建（BOMA+GAM），对海天中心诸多业态进行系统化的梳理、整合，最终形成一套符合海天中心自身特色，并具备国际最佳实践论证的管理体系及服务标准，通过"软"实力的夯实，确保项目整体管理水平和服务品质处于行业标杆地位，确保项目未来资产价值稳定增长，并为海天中心的国际品质保驾护航。

BOMA（Building Owners and Managers Association International，国际建筑业主与管理者协会）是针对提高不动产管理者实际资产管理与物业运营管理水平的综合型协会。脱胎于拥有百余年历史的国际建筑业主协会，其总部位于美国华盛顿，拥有国际唯一的商业楼宇资产运营管理评级标准，同时被纽约帝国大厦、芝加哥威利斯大厦、纽约世贸中心、加拿大布鲁克菲尔德广场、英国瑞士再保险大厦等国际知名楼宇广泛采用。

GAM是富尚资产依托于国际资产管理体系及标准，独家研发及拥有知识产权的房地产综合资产管理体系"GAM®-Real Estate General Asset Management"，简称"GAM"，内容涵盖"战略规划""财务管理""投资融资""开发建设""招商租赁""楼宇运营""人力资源"等模块，是国内目前针对商业不动产全周期资产管理建设的最完整专业体系模型。

富尚资产目前正在通过BOMA"建筑运营管理""营销与沟通""环境管理""能源管理""培训管理"五大维度的建立、GAM八大模块的植入，并以四大层级——① 国际化资产管理平台的搭建；② 经营管理（招商租赁、市场营销推广等）；③ 物业运营（服务标准、管理品质、设施设备运维等）；④ 管理团队的国际化专业提升为立足点，全面助力海天中心资产管理实力的打造。

富尚资产（F.O.G）源于美国，是一家以资产运营和房地产投融资为核心业务的专业顾问公司，涵盖国际化、专业化的不动产资产运营管理、房地产投融资、基金管理等核心业务。

富尚资产具备有国际视野的优质管理团队，以及丰富的房地产投融资、基金管理与资产运营经验，其投资及通过股权基金管理的项目涵盖城市综合体、办公楼、购物中心、酒店、会展，住宅及产业地产等。通过专业化的运作与整合全球资源，富尚资产为投资者完成了可观的资本增值。

富尚资产也专注于不动产的专业化资产运营管理，基于其强大的国际资产运营专家团队与丰富经验，成功为开发企业、投资机构、不动产业主与持有者提供资产增值服务。通过对战略策划、资产证券化模式设计、资产运营体系搭建与标准制定、定位与市场研究、规划与设计、开发与工程管理、招商与运营管理等各个环节的精心把控，富尚资产运营团队及其合作伙伴使商业地产的运营与资本市场形成良好的互动与对接，并坚持以国际最佳实践标准来提升中国商业地产资产价值，从而实现商业地产的价值最大化。

富尚资产自 2014 年起作为哈佛中心指定签约企业，成立哈佛中国高端人才储备交流实习计划。哈佛大学实习生交流计划旨在提高哈佛在中国的影响力，每年暑期，哈佛大学都会精选优秀的哈佛在读本科生在富尚资产中国总部进行为期两个月的实习工作。

地址：中国上海市浦东新区世纪大道 100 号 28F
电话：021-50936811
邮箱：yuanyuanw@fog-capital.com

青岛瑞吉酒店品牌运营

万豪国际集团是青岛国信海天中心项目青岛瑞吉酒店的品牌咨询及运营服务商。万豪国际集团一直在青岛物色合适的瑞吉酒店经营选址，T2塔楼的高层空间，以及海天中心引领青岛未来城市生活的定位，正是其理想之选。

万豪国际集团目前聚焦高端奢华酒店领域，筹备在建的酒店数量不断增加，瑞吉是旗下奢华酒店品牌阵营中的重要战略性品牌，凭借成熟的管理体系和扎实稳健的运营成果，得以立足酒店市场并形成规模效应，获得更多酒店业主和合作伙伴的青睐。除了在一线城市及热门旅游城市深化发展，瑞吉品牌以地标景观外形，卓越便捷的地理位置及阿斯特宅邸理念，不断丰富着宾客的入住选择。

从第一家纽约瑞吉酒店的开业起，瑞吉品牌开创了奢华酒店的新纪元。这座纽约第五大道的地标性建筑，外观呈古典巴洛克风格，拥有238间客房与套房。作为纽约奢华酒店的象征，酒店以前所未有的先进设备和24小时周到贴身的管家服务，将欧洲大陆传统的服务精神传播到北美，是纽约酒店史上里程碑般的存在。

从那以后，全球每家瑞吉酒店均将"精致体验，优雅绽现"印入肌理，管家服务、阿斯特下午茶、入夜仪式、军刀开香槟、午夜晚宴等重要服务成为亮点，营造出奢华与精致的社交氛围，也深受万豪旅享家（万豪国际集团整合万豪礼赏、丽思卡尔顿礼赏和SPG俱乐部推出的旅行计划）会员的青睐。

万豪国际集团（纳斯达克股票代码：MAR）由J. 威拉德和爱丽丝·马里奥特于1927年创立，从起初华盛顿特区的九座餐厅逐渐发展至第一家拥有365间客房的双桥汽车酒店，在家族式管理的一路引领下，创始人所坚持的原则深植于企业文化之中，多元化与包容性构成了万豪核心价值观和商业策略目标的基础，而稳定的产品质量以及出色的对客服务，则令品牌规模得以不断扩大化。

如今，万豪国际集团总部位于美国马里兰州贝塞斯达，在130个国家和地区拥有超过7 000家酒店，包括直接经营酒店、特许经营酒店和授权分时度假酒店，并拥有30个酒店品牌，万豪国际集团运营并特许经营多家酒店及分时度假酒店。

地址：中国北京市朝阳区建国路79号华贸中心写字楼2座3102
电话：010-57376720（北京） / 021-53680362（上海）
邮箱：xin.wang@marriott.com

招商与商业运营

青岛国信商业资产管理有限公司负责青岛国信海天中心项目的营销（销售）、招商业务开展及管理工作。包括前期市场调研、定位策划、营销推广、销售、招商、招租、外部销售、招商代理机构管理、客户合同签署等工作。作为国信集团打造的商业资产运营公司，青岛国信商业资产管理有限公司（以下简称"商管公司"）广泛参与了青岛国信海天中心项目的多业态运营，与青岛国信海天中心建设公司发展高度契合。作为海天中心运营合作单位，商管公司负责项目商业招商、住宅销售、写字楼租赁、文旅等业务工作。青岛国信商业资产管理有限公司高标准打造运营团队，实行精细化管理，引入先进管理经验，为海天中心打造城市新地标、做强做实楼宇总部经济基地积极助力，释放项目的商业价值和社会影响力。高端楼宇现已成为城市提升经济承载力和区域影响力的重要支柱，在转变城市经济发展方式、增强城市综合功能、提升城市品质等方面都具有巨大的推动作用。商管公司积极投身、组织海天中心项目各类"峰会"级别市场化活动，通过"城市总部经济与新旧动能转换发展趋势论坛暨海天中心全球发布会"等活动的成功举办，进一步营造海天中心项目努力打造国际标准、省内一流、沿海领先的城市综合体氛围，夯实项目作为城市地标及高品质综合体产品的地位。

重点奖项

1.2018 亚洲微电影艺术节 金海棠奖

2.2019 中国（深圳）创新创意超级杯 企业品牌营销创意大奖

3.2020 中国超高清视频产业联盟 商业创新类大奖

青岛国信商业资产管理有限公司成立于 2018 年 7 月 31 日，为青岛国信建设投资有限公司全资子公司。公司业务内容主要为集团内已建及在建房产资源进行招商、运营、租赁、营销及文旅业态的专业化、集约化运作，高效地匹配集团总体战略规划，补齐全产业、全周期管理链条，确保集团持有资产质量提升和资本化运作估值水平的提升。同时，商管公司将以建立符合国信集团品牌形象和社会形象要求的商业运营品牌为己任，探索适应商业管理及营销需求的可持续发展之路，全力打造市内领先、省内有影响、比肩国内一流团队的专业化商管公司，为实现集团"城市综合投资运营商"战略定位、完善集团未来发展布局、推动集团"二次创业"目标达成提供有力支撑。截至目前，青岛国信商业资产管理有限公司主要运营项目有：国信·海天中心项目、国信·金融中心项目、国信·墨悦湾项目、国信·蓝悦湾项目。

地址：中国山东省青岛市市南区东海西路 5 号

电话：0532-58585850

邮箱：zyshg@qdgxjt.com

青岛习远咨询有限公司

造价咨询

青岛习远咨询有限公司（简称"习远咨询"）为青岛国信海天中心自招标阶段至施工阶段全过程提供造价咨询服务，参与了青岛国信海天中心立项决策阶段、可研阶段、设计阶段、招标阶段、施工阶段、竣工结算阶段，针对项目不同阶段的规划指标、项目估算、扩初图概算、施工图预算等，开展全过程造价控制。

面对项目实施过程中没有近似项目可供参考的难题，传统的造价管理方法很难全面对其投资费用进行有效管控。对此，习远咨询组织超高层专家进行深入分析与探讨，形成了综合解决方案。

从前期决策到投入运营阶段，二百余家合作单位参与了项目建设，产生了几百份合同并形成相互衔接、彼此影响的繁杂履约界面。习远咨询根据各单位施工界面划分做了全面规划，凭借多年积累的成功经验，制定了一套完整的方案，为后续施工提供了有力支撑，减少了各单位之间意见不统一、责任不明确等情况的发生。

针对全过程施工阶段，习远咨询以信息化为主要管控手段，以企业自身研发的全过程管理平台为载体，在招标阶段通过公司数据库及标准化模板，降低成本风险，通过可视化成本管控模型，有效提升招标计划落地；在施工阶段，通过可视化建筑模型实现事前控制，以及动态成本的真实可用；通过信息化管理，实现快速高效的结算。

青岛习远咨询有限公司帮助众多的政府部门、事业单位、优秀企业持续提升价值，并成为其最值得信赖的合作伙伴。

自 1996 年成立以来，习远咨询不断吸纳优秀人才、开拓创新业务，专业服务已贯穿项目全生命周期和全要素。其中，工程造价咨询业务、PPP 咨询业务和建筑数字化业务居于行业领先地位。习远咨询已经在山东全域深度开展业务，并建立起遍布全国的服务网络，业务涵盖广泛的行业和不同的专业领域。聚焦于建设项目相关方的需求，通过系统化的研究，为客户提供综合咨询服务，并始终关注传统产业与数字经济的有效融合，推动新模式。

习远咨询专家团队提供了若干标准化产品、服务和综合解决方案。携手习远，您的选择将更多元化，我们乐于承担自己的责任以实现共同的价值目标。

地址：中国山东省青岛市崂山区深圳路 21 号
电话：0532-81936888/82107119
传真：0532-82107112
邮箱：qingdaoxiyuan@xiyuanzixun.com

前期物业

青岛国信上实城市物业发展有限公司是青岛国信海天中心项目前期物业服务方，其服务范畴包括青岛瑞吉酒店、海天大酒店、海天公馆、海天 MALL、写字楼、观光厅、艺术中心的物业共用部位的维护和管理物业共用设施设备的运行、维护和管理等。

青岛国信上实物业成立于 2018 年，是青岛国信集团与上实发展公司组建成立的高端物业管理公司，其前身为青岛世联物业。依托国信集团多年积累的优势资源项目，公司在城市运营服务、高端物业管理、资产管理等领域积极布局，现已成为青岛城市物业领域头部企业，入选"2020 物业服务企业综合实力 500 强"。

公司立足基础物业服务、运营管理服务、物业增值服务，积极搭建城市物业管理与服务平台，在管项目包括：青岛海洋科学与技术国家实验室、国信海创基地、蓝谷综合体、胶州湾隧道、青岛文化体育中心、汇泉广场及第一海水浴场、青岛国际会展中心、红岛国际会议展览中心、国信海天中心、国信金融中心、上实中心，以及紫云台、紫玉台、康庭嘉苑墨悦湾等住宅社区。截至 2021 年 2 月，公司管理面积超 300 万平方米，专业管理人员及员工近 600 人。

资金监管

兴业银行股份有限公司青岛分行是青岛国信海天中心项目资金监管合作银行。为企业开立监管账户保管监管资金，确保资金安全；按程序办理资金支付；按照要求披露监管资金的相关信息。

兴业银行青岛分行成立于 2007 年，是直属兴业银行总行的一级分行，辖区内设有 14 家支行网点、10 家社区支行，已实现营业网络青岛地区全覆盖。

立足"建设一流银行、打造百年兴业"的目标，兴业银行青岛分行主动顺应市场和形势变化，资产负债规模不断站上新台阶，盈利水平稳步提升，团队凝聚力日益增强，品牌影响力节节攀升。

精准聚焦地方实体经济，以"商行＋投行"的经营理念，兴业银行青岛分行进一步加强对区域行业、产业和客户的深入研究，通过为企业提供多元化综合金融服务方案，逐渐形成了财富管理、投资银行、绿色金融等品牌特色。

青岛中心支公司 中路财产保险股份有限公司

工程保险服务

中路财产保险股份有限公司青岛中心支公司是青岛国信海天中心项目工程保险服务合作银行。在海天中心项目工程所在地，包括但不限于永久工程所在地及施工专用区域、材料预制构件基地、临时道路和其他临时工程、临时建筑、临时设施所在地，以及自被保险人仓库、料场至工地的运输途中等，被保险财产在列明的工地范围内，因保险单除外责任以外的任何自然灾害或意外事故造成的物质损坏或灭失，保险公司按保险单规定负责提供相关赔偿服务。

中路财产保险股份有限公司 2015 年 3 月 30 日由中国保险监督管理委员会批准开业，4 月 3 日完成工商登记，正式营业，是第一家总部设在青岛市的全国性法人保险机构。公司主营产品包括机动车辆保险、家庭财产保险、企业财产保险、工程保险、责任保险、货物运输保险、船舶保险、意外伤害保险、短期健康保险等。

中国银河证券股份有限公司

非公开发行绿色公司债券

中国银河证券股份有限公司提供青岛国信海天中心项目非公开发行绿色公司债券相关服务，主要对本次债券募集资金使用情况、还本付息情况进行监督。

中国银河证券股份有限公司，是中国证券行业领先的综合性金融服务提供商。公司借助独特的历史、品牌和股东优势，行业内覆盖最广的营业网点和规模领先的客户群，以及综合全面的业务实力，为政府、企业、机构和个人提供智库咨询、财富管理、投融资、国际业务等综合金融服务。公司的目标是成为亚洲资本市场上领先的投资银行和具有系统重要性的证券业金融机构。

非公开发行绿色公司债券

海通证券股份有限公司为青岛国信海天中心项目提供非公开发行绿色公司债券相关服务，主要对本次债券募集资金使用情况、还本付息情况进行监督。

海通证券股份有限公司成立于 1988 年，是中国成立最早、综合实力最强的证券公司之一。公司前身是上海海通证券公司，于 1994 年改制并发展成全国性的证券公司。2001 年底，公司整体改制为股份有限公司。海通证券 A 股于 2007 年在上海证券交易所挂牌上市并完成定向增发。2012 年，公司于香港联合交易所挂牌上市，实现 A+H 股两地上市。

海通证券股份有限公司

招标代理

山东世元工程管理有限公司是青岛国信海天中心项目工程及服务类招标代理服务方，通过自身专业的能力、良好的服务意识，顺利完成了海天中心项目各项招标工作，主要包括施工招标类、监理招标类、设计招标类、顾问服务类四大类招标服务。

山东世元工程管理有限公司，系建设部批准的工程招标代理甲级、工程造价咨询甲级、政府采购甲级、工程咨询甲级、中央投资项目招标代理乙级资质企业，注册资金 1008 万元，其子公司山东世丰建设监理有限公司具有建设部批准的房屋建筑监理甲级资质，可以在全国范围内承揽建筑工程设计、施工、监理、装饰装修、消防、楼宇自控、设备材料采购、政府采购以及中央投资项目等招标代理服务和编制工程项目建议书、可行性研究报告、投资估算等服务。

山东世元工程管理有限公司

青岛国信传媒股份有限公司

媒体宣传

青岛国信传媒股份有限公司是青岛国信海天中心项目媒体宣传、物料制作等运营服务方，主要工作为：媒体代理，包括组织媒体宣传、媒体对接、稿件撰写、广告发布、舆情监控及处理等；物料制作，包括围挡、现场包装、宣传册等物料制作、安装及维护等；自媒体运营及平台技术开发，包括社交化媒体运营、网站建设及运营、程序开发、动画制作、图片拍摄制作、音视频拍摄制作等。

2020年6月20日，海天中心即将竣工之际，由国信传媒公司倾力打造出品的城市宣言片——《海天》在海天中心全球发布会上首发，山东广播电视台、青岛广播电视台、凤凰新闻、澎湃新闻等12家媒体网络同步联合发布。影片大气磅礴，脉络清楚，主题鲜明，既有上合峰会、海军节等宏大叙事，又有奥运健儿的拼搏精神讴歌，还有一幕幕其乐融融的温馨幸福画面，以情动人，贴近生活，充满烟火气，成功地让"海天"成为青岛市民共同的情感寄托和城市图腾。青岛籍知名演员、《青岛》原唱于毅深情演讲，以小家、城市、国家三个层次的"家"来注解家国天下，诠释"人民对美好生活向往"，也全方位多角度解读了青岛第一高楼的格调和城市地标的独特魅力。

新华社等多家来自全国、山东、青岛的主流媒体纷纷报道，发布仅十天阅读播放量即超过3000万次。

《海天》作为国信传媒与海天中心的合作影片，也是青岛近年来最具城市风格的原创作品，在为海天中心项目进行文化赋能的基础上，也进一步引起了岛城人民的强烈共鸣，更受到社会各界的广泛关注和高度评价。

同时，在全球发布会活动前后的重要宣传节点上，国信传媒整合优质户外媒体、平面媒体及线上媒体资源，将海天中心的价值与亮点进行多方位宣推，助推后续各业态销售、招商，为发布会后综合体整体形象提升、各业态产品推向市场做好强有力的品牌背书及市场占位。

青岛国信传媒股份有限公司（简称"国信传媒"）是国信集团第一家混合所有制股份有限公司，也是国信集团根据"二次创业"战略部署及产业布局需要，全力打造的唯一专业运营文化传媒版块业务的综合性平台型文化传媒公司。国信传媒立志做文化产业的领跑者，品位生活的服务商。由国信传媒倾力打造的聚合传媒平台"信传媒"始终秉持"跨界融合、互动共生"的经营理念，在文化创意策划、大型活动执行、影视宣传片拍摄、广告代理、设计制作等文化传媒领域持续发力，主导完成的多个项目斩获行业大奖，取得了较好的社会效益和经济效益。

地址：中国山东省青岛市崂山区银川东路3号国信体育场国信传媒（体育场S区对面二层小楼）

电话：0532-67789375

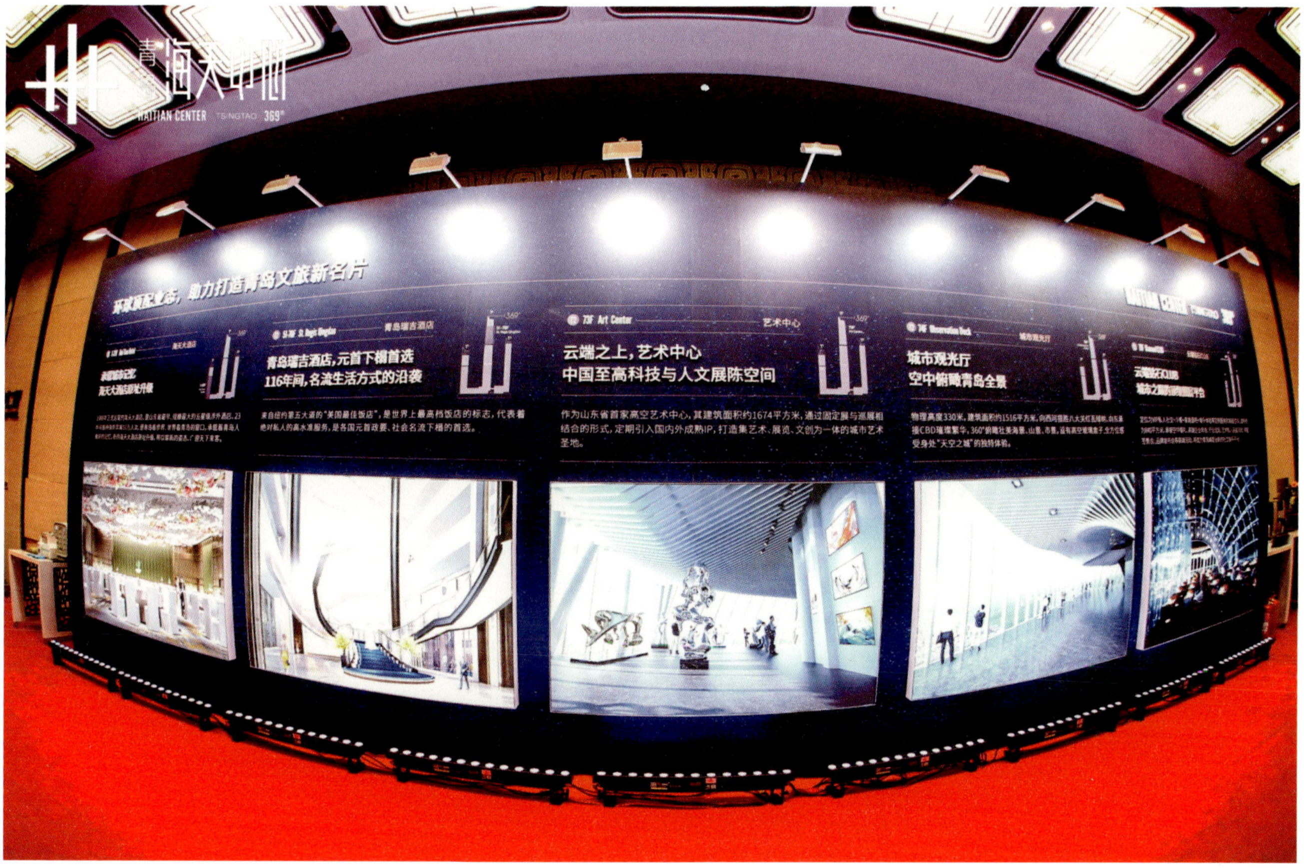

青岛国信会展酒店发展有限公司

海天大酒店、青岛瑞吉酒店建设运营

青岛国信会展酒店发展有限公司承担了青岛国信海天中心项目的海天大酒店、青岛瑞吉酒店的建设与运营工作。

公司详细了解青岛国信海天中心项目建设背景及开发需求,对酒店进行区位分析和建筑方案分析,规划酒店营业规模和服务设施,并提供机电、暖通、精装等专业设计概念、方案审阅和意见反馈。在取得一系列证照基础上,全面快速完善酒店各版块人力资源保障工作及各项管理体系文件和规章制度,并为第三方运营招商部门提供必要支持。在运营方面,以打造青岛市"重大、高端会议活动首选酒店"为定位,聚焦高端活动,对接顶层资源,积极开展酒店营销推广,为酒店高定位、高起点、高水平开业运营目标奠定坚实基础。

核心产品设计

从地理位置、市场邻近度、景观可视度等方面对酒店进行 SWOT 评估分析,针对酒店地理环境、对标酒店星级等情况,推出全视角面海的中式宴会包间、全日餐厅等餐饮区域,显著提升客人消费体验。海天大酒店 1988 全日餐厅投入运营后迅速成为网红打卡地。

综合成本管控

公司认真研究青岛市各大酒店概况、平均客房价、平均入住率、客源结构及渠道供给等市场情况,对酒店经营进行合理预算。海天中心酒店业态有奢华品牌"瑞吉"和高端品牌"海天",由于多业态综合体空间紧密、后勤区域面积紧缺,经对建设施工成本、建筑空间利用、运营管理成本等多维度的分析,确定由一家酒店集中管理后勤配套服务设施,以减少建设投资成本、节约人工成本。同时按照集团相关制度要求,酒店集中完成 7000 余项物资招采,中标总额较控制价降低 13%。

青岛国信会展酒店发展有限公司是青岛国信发展（集团）有限责任公司旗下一级子公司，也是青岛国信集团履行城市运营服务功能的核心企业之一。其注册资本2亿元，下辖分子公司13家，拥有大型会展中心2座，室内外展览面积近46万平方米；拥有特色餐厅2家，星级酒店7家，包括超五星奢华酒店瑞吉品牌和五星级大酒店海天品牌，未来还将陆续开业崂谷综合体、科技大厦等新酒店，客房体量达3 000间、管理员工近3 000人。公司通过深耕主业和模式创新相结合的方式，有效融合会议、展览、住宿、餐饮、商旅、经贸等业务，形成了多区域、多层级、规模化、专业化、高品质的"双轨道"服务产业发展格局，通过放大服务产业链条辐射作用，积极构筑市场化、现代化的服务产业转型升级平台，为青岛国信集团"二次创业"和青岛国际时尚城建设做出积极贡献。

地址：中国山东省青岛市崂山区仙霞岭路33号
电话：0532-82995600
邮箱：qdctgm@163.com

北京东方博文广告有限公司

广告全案策划与设计

北京东方博文广告有限公司是青岛国信海天中心项目品牌策划推广合作方。主要负责品牌建设（战略规划梳理、策略体系建立）；品牌传播（阶段执行工作方案、项目营销环境包装、推广物料策划设计、广告宣传内容设计、自媒体建设运营、宣传影片脚本策划、品牌价值衍生体系）；品牌管理（品牌环境监测分析、项目品牌管理、品牌价值内部传导）。

服务历时4年，公司无论对国信集团还是对项目都有了更深刻的认知。国信集团作为青岛本土责任国企，始终与青岛荣辱与共、同频共振，成功开发了胶州湾隧道、青岛大剧院、青岛体育中心，民生工程，惠及千万家，是一个值得尊重的企业。而海天中心是国信集团打造城市地标的又一力作，携手世界顶级团队，引入具有城市功能属性的高端业态，未来将引领青岛新经济形态发展。公司有幸服务这样的项目，并与之共同成长，也是东方博文22年履历上浓墨重彩的一笔。

北京东方博文广告有限公司是深具销售力的房地产全能推手，推广服务涵盖地产全产业链，合作伙伴逾百家、服务各业态地产项目500多个。东方博文是中国房地产营销推广策划行业第一批实践者，是业内公认的经验丰富、业绩卓越的专业地产服务机构。营销与广告并重，从产品、营销、广告、公关等多角度解决问题。专业知识全面，全程解决项目初期至清盘的各阶段问题。擅于初期品牌原创，更擅于接手中期及后期项目，解决疑难营销问题。不拘泥于风格，适应不同项目，擅于产品溢价及品牌增值。从项目定位、产品研发、营销策略、广告推广、销售代理五个层面，为客户提供"全程策划服务"体系，提升项目的形象力和价值感，为开发企业和其终端客户塑造地产项目的社会价值和心理价值，力争项目利润最大化的实现。东方博文所营销策划推广的项目，销售额在市场中名列前茅。

地址：中国北京市朝阳区惠新东桥小营路房地置业大厦806
电话：010-64412318

港基创意模型设计（深圳）有限公司

沙盘制作

港基创意模型设计（深圳）有限公司是青岛国信海天中心沙盘制作方。主要负责项目三个沙盘的制作，包括营销中心的沙盘建筑制作（比例：1:150），会议室沙盘制作（比例为1:400）和写字楼样板间沙盘制作（比例为1:200）。

2018年8月，经过激烈角逐，港基模型有幸中标承担青岛国信海天中心模型的设计制作工作。从接到设计图纸的那一刻，港基便全力以赴投入到项目中。为了更好地呈现出建筑设计师的设计理念，港基采用了高质量材料并配备了充足的技术人员，与项目设计团队全程保持密切联系，一有修改意见马上做出响应，最终在规定时间内完成了1:400、1:150、1:500等多个不同比例模型的制作，送达青岛并安装到指定地点。一个个立体的模型展现在众人面前，图纸上的数据、线条、角度化为更为直观的色彩、形状、材质，使海天中心这一青岛新地标在大众视野中具象化。

RJ Models 于1995年在香港正式成立。1999年将生产基地于正式迁移至广东深圳，同年成立港基建筑模型（深圳）有限公司。多年以来，RJ Models 凭借着优质的产品和卓越的制作团队，成为中国乃至世界模型行业的领导品牌，在世界各地拥有超过3万平方米的生产基地，专业模型工作者超过700人。作为公司主要生产基地的深圳宝安厂房超过1.3万平方米，员工超过500名。基地拥有大中小型激光切割设备超过20台，并配备精雕、CNC、3D打印、UV打印等辅助设备。公司的核心管理团队成员分别拥有10~20年以上大规模建筑模型的制作、生产及管理经验。凭借多年的不懈努力以及对高端模型的坚持和追求，RJ Models 已经成为一家在行业内具领先地位的跨国模型公司，旗下企业及品牌包括：港基创意模型设计（深圳）有限公司及3DR Models。RJ Model 也与众多世界顶级建筑设计公司成为长期战略性合作伙伴，包括：Foster+Partners（诺曼·福斯特）、SOM、HOK、Benoy（贝诺）、Aedas（凯达）、Zaha Hadid、NBBJ、KPF等。同时，高水准的产品赢得了各大地产发展商的认可，达成长远合作关系，包括：长江实业、信和实业、恒基兆业、太古地产、华润置地、恒大集团、万科、富力地产以及世界各地众多顶级地产开发商。

地址：中国广东省深圳市宝安区石岩街道塘头社区塘头第三工业区第9栋二楼西边
电话：0755-66632933
邮箱：info@rjmodels.com.hk

参建企业名录

设计顾问

AA（Archilier Architecture）建筑师事务所
悉地国际设计顾问（深圳）有限公司
LTW Designworks Pte. Ltd.
CCD 香港郑中设计事务所
凯丽·赫本室内设计工作室
邱德光设计事务所
RWD 黄志达设计师有限公司
卡纳设计
岳珈建筑室内设计（上海）有限公司
青岛梁智明室内设计有限公司
伍兹贝格建筑设计咨询事务所
Carlisle Design Studibo
巴马丹拿集团
SWA Group
Brandston Partnership Inc.
WET
琅世唯（上海）贸易有限公司
潜研艺术品顾问有限公司
丹艺苑有限公司
苏州建筑装饰设计研究院有限公司
青岛城市建筑设计院
青岛市勘察测绘研究院
博津思设计
上海康业建筑装饰工程有限公司
上海天厨厨房设计有限公司
上海点构艺术设计有限公司
山东省建筑设计研究院有限公司
青岛境语景观规划设计有限公司
青岛新理念设计咨询有限公司
青岛市公用建筑设计研究院有限公司
青岛市城市规划设计研究院

技术顾问

上海建科工程咨询有限公司
上海中心大厦建设发展有限公司
森大厦（上海）有限公司
Starwood Asia Pacific Hotel & Resorts Pte. ltd.
凯谛思工程咨询（上海）有限公司
Thornton Tomasetti,Inc.
迈进外墙建筑设计咨询（上海）有限公司
安邸建筑环境工程咨询（上海）有限公司
利沛建筑技术咨询（上海）有限公司
科进柏诚工程技术（北京）有限公司
必维集团
德勤设计有限公司
中国科学院声学研究所北海研究站
弘达交通咨询（深圳）有限公司北京分公司
四川法斯特消防安全性能评估有限公司
国家消防工程技术研究中心
上海市建筑科学研究院
罗尔夫本森消防技术咨询（上海）有限公司
住房和城乡建设部科技发展促进中心
青岛习远咨询有限公司
青岛市工程咨询院
青岛市人防建筑设计研究院
山东科技大学
青岛理工大学环境评价中心
北京震泰工程技术有限公司
青岛市工程建设监理有限责任公司
青岛市气象防雷中心
青岛市建筑节能协会
星木酒店管理咨询（上海）有限公司
青岛市工程地震研究所
山东牧马人测绘技术有限公司

山东广源岩土工程有限公司

青岛市勘察设计协会

青岛牧野勘察测绘设计院有限公司

青岛正禹勘察测绘有限公司

青岛市建筑工程质量检测中心有限公司

山东设协勘察设计审查咨询中心

青岛人防工程设计文件审查咨询有限公司

青岛市专业气象台

青岛市白蚁防治研究所

土建精装

中建八局发展建设有限公司

中建安装集团有限公司

中建深圳装饰有限公司（幕墙）

中建深圳装饰有限公司（精装）

中建八局钢结构工程公司

北京江河幕墙股份有限公司

苏州金螳螂建筑装饰股份有限公司

东亚装饰股份有限公司

德才装饰股份有限公司

青建集团股份有限公司

福建高能建设工程有限公司

中建科工集团有限公司

青岛海荣劳务承包有限公司

青岛酬勤建筑劳务有限公司

上海同及宝建设机器人有限公司

青岛欧筑建设工程有限公司

山东顺和建筑劳务有限公司

南通烨海建筑劳务有限公司

青岛海山峰机械设备安装有限公司

青岛盛安起重机械拆装有限公司

南通烨海建筑劳务有限公司

安徽阜阳金京建筑劳务有限公司

济南振鲁建筑劳务有限公司

青岛德固建筑工程配套有限公司

青岛静力工程股份有限公司

青岛华科节能工程有限公司

天津鼎维固模架工程股份有限公司

江苏揽月模板工程有限公司

青岛中建众鑫设备租赁有限公司

青岛市益水工程股份有限公司

青岛润水管道工程有限公司

北京久安建设投资集团有限公司

华电青岛热力有限公司

泰能天然气有限公司

青岛市市南区城市绿化工程总公司

青岛市市政工程集团有限公司

山东益通安装有限公司

青岛耘坤土石方工程有限公司

青岛辉鸿建筑劳务有限公司

武汉永城建筑劳务有限公司

北京久安建设投资集团有限公司

智能机电

同方股份有限公司

中建电子信息技术有限公司

日立电梯（中国）有限公司

奥的斯电梯（中国）有限公司

安利玛赫高层设备（上海）有限公司

上海建坤信息技术有限责任公司

青岛云柱电气

青岛嘉诚电工

中国铁塔股份有限公司青岛市分公司

山东智汇云建筑信息科技有限公司

青岛海洋电子工程有限公司
北京站酷网络科技有限公司
苏州美房云客软件科技股份有限公司

金融管理

富尚（上海）资产管理有限公司
万豪国际集团
青岛国信商业资产管理有限公司
青岛习远咨询有限公司
青岛国信上实城市物业发展有限公司
兴业银行股份有限公司青岛分行
中国银河证券股份有限公司
海通证券股份有限公司
山东世元工程管理有限公司
北京仲量联行物业管理服务有限公司
北京戴德梁行物业管理有限公司
青岛思源兴业房地产经济有限公司
北京世邦魏理仕物业顾问有限公司
第一太平戴维斯物业顾问（北京）有限公司天津分公司
青岛荣置地顾问有限公司
中信银行股份有限公司青岛麦岛支行
联合赤道环境评价有限公司
青岛国信金融控股有限公司
青岛国信融资担保有限公司
青岛城乡社区建设融资担保有限公司
青岛金载丰科技有限公司
青岛华商汇通融资担保有限公司
青岛中信泰丰非融资性担保有限公司
青岛中投阳光非融资性担保有限公司
信永中和会计师事务所（特殊普通合伙）
北京酷爱智慧知识产权代理有限公司
青岛明源同创软件有限公司
青岛海坤商标事务所有限公司
德勤华永会计师事务所（特殊变通合伙）北京分所
青岛德盛资产评估有限责任公司
青岛衡元德房地产评估有限公司
青岛衡信土地房地产评估咨询有限公司

青岛德盛资产评估有限责任公司
山东东诚资产评估有限公司
山东众诚清泰（青岛）律师事务所
山东德衡律师事务所

文化传媒

青岛国信传媒股份有限公司
青岛国信会展酒店发展有限公司
北京东方博文广告有限公司
港基创意模型设计（深圳）有限公司
山东世元工程管理有限公司
山东大信工程造价咨询有限公司
青岛世纪东风企业管理咨询有限公司
青岛佳易工程管理有限公司
山东万信项目管理有限公司
山东东成建设咨询有限公司
青岛能源设计研究院有限公司
青岛广电佳和传媒有限公司
上海点构艺术设计有限公司
青岛市城市建设档案馆

材料设备（机电工程）

裕富宝厨具设备（深圳）有限公司
南京广龙厨具工程有限公司
珠海市雅致厨房设备有限公司
青岛明源智能商业有限公司
济南神威润德软件科技有限公司
山东海得朗润信息技术有限公司
BAC 大连有限公司
BAC 巴尔的摩冷却系统（苏州）有限公司
约克（无锡）空调冷冻设备有限公司
约克广州空调冷冻设备有限公司
青岛法罗力暖通温控技术设备制造有限公司
格兰富水泵（上海）有限公司
北京江森自控有限公司
青岛中得科技实业发展有限公司

沈阳沃尔斯机电设备有限公司
丹淳（上海）空调设备有限公司
北京德天节能设备有限公司
天津科禄格通风设备有限公司
绍兴上虞通风机有限公司
爱优特空气技术（上海）有限公司
爱迪士（上海）室内空气技术有限公司
青岛海尔空调电子有限公司
厦门 ABB 开关有限公司
上海通用电气广电有限公司
常州雅柯斯电力科技（中国）有限公司
施耐德电气（中国）有限公司
深圳星标科技股份有限公司
青岛三利中德美水设备有限公司
西门子（中国）有限公司
山东中建物资设备有限公司
青岛中惠机具租赁有限公司

材料设备（给排水工程）

高碑店市联通铸造有限公司
江苏金羊管业有限公司
天津友发钢管有限公司
亚罗斯建材（江苏）有限公司
北京禹辉净化技术有限公司
北京麒麟水箱有限公司

材料设备（精装修工程）

北京星瀚伟业装饰工程有限公司
北京九洋建设工程有限公司
青岛金美建工程有限公司
济南鼎邦保温工程有限公司
南通中盟装饰工程有限公司
安徽阜阳金京建筑劳务有限公司
上海淳安消防技术有限公司
南京企为建筑装饰工程有限公司
中建八局装饰工程有限公司

青岛中大易佳建设安装有限公司
泰兴市中辰企业管理有限公司
青岛弘通建设劳务有限公司
青岛康翰源劳务有限公司
北京建德伟业防水防腐工程有限公司
广东中泰家具实业有限公司
上海太亿企业股份有限公司
福建森源家具有限公司
上海银汀创新不锈钢发展有限公司
北京市京南方装饰工程有限公司
青岛筑安装饰工程有限公司
泰州恒福建设有限公司上海分公司
山东建贸森工装饰工程有限公司
威海海马地毯集团有限公司
上海创安特种门业有限公司天津分公司
北京柏瑞特建筑新材料科技有限公司
青岛久恒恩建筑科技有限公司
北京北方华兴建材有限公司
北京顺达旺业商贸有限公司
青岛特固德新型建材科技有限公司
上海希盈实业有限公司
青岛大禹青展商贸有限公司
山东诺冠建材有限公司
万隆石业（福建）有限公司
福建省东升石业股份有限公司
北京金字泰格电气有限公司
北京跃宗旺达商贸有限公司
江苏中超控股股份有限公司
青岛倍耐建材有限公司
广州金霸建材股份有限公司
东莞市泰丰木制品有限公司
深圳市凯居布艺有限公司
青岛海福斯兰国际商贸有限公司
上海丰丽集团有限公司
天津耀皮工程玻璃有限公司
莱州市华隆石材有限公司
山东华建铝业集团有限公司

第三篇

大事记

2009	2月23日	国信集团完成对海天大酒店的全部股权收购，海天大酒店成为国信集团全资子公司。
	9月23日	青岛市政府专题会议研究通过海天大酒店项目开发策略，明确以城市综合体形式"突出商务会议、度假旅游、零售空间、写字楼、酒店式公寓和大型会议功能，进一步提升项目综合功能和形象，打造全国有影响力的酒店，力求建成地标性建筑"。
2010	2月1日	海天大酒店改造项目市场研究及定位报告完成。
	2月19日	国信集团审批通过海天大酒店改造项目《概念性方案设计任务书》。
	6月9日	国信集团与青岛市国土局签订土地出让合同。
	6月11日	海天大酒店改造项目概念性规划专家评审会在海天大酒店举行，对参选的四家设计公司SOM、KPF、上海华东建筑设计院、北京市建筑设计研究院的规划方案进行了评审。
	10月27日	海天大酒店改造项目完成《交通组织分析和市政容量分析报告》。

海天大酒店改造项目概念性方案专家评审会

2012	11月23日	海天大酒店改造项目概念性方案经青岛市城规委会议审议通过。
	7月13日	海天大酒店改造项目概念方案优化：明确建设满足大型国际会议的大宴会厅。
	8月7日	Archilier Inc.（AA）& 中建国际（深圳）设计顾问有限公司（CCDI）设计联合体中标设计总包。
2013	6月10日	凌晨5点16分，原海天大酒店一期、二期主体建筑顺利爆破拆除。
	6月13日	青岛市政府召开海天大酒店改造项目专题会议，确定海天大酒店改造项目命名为"海天中心"。
	7月19日	青岛市政府召开青岛市城规委执行和审议委员会2013年第4次会议，原则同意青岛国信集团海天中心项目规划方案。
	11月6日	青岛国信海天中心建设有限公司注册成立。
2014	2月18日	青岛市规划局批复海天大酒店改造项目（海天中心）《建设用地规划设计条件通知书》（青规规条字〔2014〕11号）。

老海天大酒店爆破瞬间

| | 11月19日 | 青岛市规划局批复海天大酒店改造项目（海天中心）《建设用地规划许可证》。 |

| | 12月2日 | 青岛市规划局批复海天大酒店改造项目（海天中心）《建设工程规划方案审查意见书》，建筑方案获批通过。 |

| | 12月26日 | 青岛市城乡建设委员会批复《海天中心项目建筑工程施工许可证》（地下）。 |

海天中心项目基坑开工

| | 12月28日 | 海天大酒店改造项目（海天中心）工程开工。 |

2015

| | 5月26日 | 国信海天中心公司与万豪集团（原喜达屋集团）在海天大剧院酒店举行瑞吉酒店入驻海天中心签约仪式，成功引进世界顶级品牌酒店圣·瑞吉。 |

| | 6月24日 | 海天中心取得建筑外观建筑设计专利证书。 |

瑞吉酒店入驻海天中心签约仪式

| | 8月14日 | 取得《海天大酒店改造项目（海天中心）一期工程超限高层建筑工程抗震设防专项审查意见》，通过超限抗震审查。 |

2016

| | 3月15日 | 中国建筑第八工程局有限公司中标海天中心项目施工总承包。 |

	4月6日	上海建科工程咨询有限公司中标海天中心项目工程监理。
	6月24日	青岛市城乡建设委员会批复《海天中心项目建筑工程施工许可证》（主体部分）。
	8月14日	T2塔楼底板混凝土一次浇筑成功，浇筑总量、厚度和速度三项指标均列山东省第一。
	9月2日	T2塔楼钢结构柱首节吊装完成，正式启动钢结构施工。
	12月21日	项目完成地下结构施工，跃出地面进入地上主体施工阶段。
2017	5月8日	与住建部绿色建筑评价标识管理办公室联合组织召开项目绿色建筑三星设计标识认证专家研讨会，为项目申请绿建三星认证提供了专业技术支持。
	7月14日	电梯工程采购及安装单位确定。
	9月18日	幕墙工程设计及施工单位确定。
2018	5月6日	海天中心主体结构施工突破200米。

T2塔楼大底板浇筑

T2塔楼钢结构柱首节吊装完成

| 2018 | 9月30日 | 海天中心T1和T3塔楼主体结构施工完成。 |

12月18日　取得住建部颁发的三星级绿色建筑设计标识证书，成为中国首个新国标"绿色超高层建筑三星级认证"的项目。

2019　1月16日　大宴会厅屋面钢桁架一次性整体提升取得圆满成功，整体提升的大跨度钢桁架，南北横跨58.8米，重约1100吨，国内罕见，是山东省目前最大钢结构体量建筑。

4月11日　进入精装修施工阶段。

大宴会厅顶升

4月15日　主体结构施工突破300米。

11月7日　T3塔楼245米塔冠幕墙安装完成，成为海天中心项目三座塔楼中最先完成建筑最高点施工的塔楼。

11月30日　T2主塔楼357.7米主体结构成功封顶。

T2塔楼外框主体结构圆满封顶

2020　4月30日　T2主塔楼完成塔冠钢结构最后一根横梁吊装焊接，成功实现封顶，369米的高度刷新了青岛城市空间新高度。

6月20日　海天中心全球发布会成功举办，海天中心惊艳亮相世界舞台。山东省商务厅和青岛市商务局分别授予海天中心"跨国公司（山东）区域总部基地""总部招商基地"，世界高层建筑与都市人居学会（CTBUH）授牌海天中心为"中国山东省最高建筑"。

369米主塔楼塔冠最后一樘单元幕墙安装完成

10月9日	海天中心住宅产品正式销售。
11月28日	海天中心369米主塔楼塔冠最后一樘单元幕墙安装完成，且幕墙工作完美收官。
12月21日	T1塔楼通过消防验收。

2021

3月31日	海天MALL媒体发布会圆满举行，茑屋书屋（TSUTAYA BOOKSTORE）山东首家门店落户海天MALL。
4月19日	T2塔楼通过消防验收。
6月20日	海天中心落成启用。

茑屋书店山东首家门店落户海天MALL